新蔵王権現入門

蔵王権現（旧安禅寺蔵）

目次

カバーイラスト／松田大児
グラビア写真／金峯山寺蔵王堂秘仏本尊（金峯山寺蔵）
装丁・ＤＴＰ／池谷京子

まえがき

わたしたちは今、地球的な規模で、大きな変革期を迎えています。コロナウィルスをはじめとする未知の感染症、自然災害の多発、原子力発電所の事故による放射能汚染、地球の温暖化、ＡＩ社会の現出など。

この先どうなっていくのか、不安は増すばかりです。行き先がよくみえない。これまでのような暮らしが、もはやできなくなってしまうかもしれません。

このようなときにこそ、あたふたしないでしっかりと生きましょう。そのためには「蔵王一仏信仰」に徹しましょう。蔵王権現さまの御真言を、心ゆくまでお唱えいたしましょう。蔵王権現さまにおまかせいたしましょう。病魔退散と無病息災、平穏な日々を祈りましょう。

真剣に祈れば、叶います。祈りそれ自体に力があります。祈りには、自分を家族を地域を、そして社会を守り変える力があります。祈ることで、徳が積まれます。積んだ徳は、自分だけでなく、多くの方々にまで行き届きます。

一人の力は大したことはないかもしれません。しかし、みんなの祈りが集まった時、とてつもない力を発揮します。多くの方がともに祈りを捧げたならば、大きな作用を生みだすことでしょう。

そこでわたしは「とも祈り」を勧めています。「蔵王権現一仏信仰」をすすめています。この節に臨んで「蔵王権現入門」を「新 蔵王権現入門」として、新規に改訂いたしました。

金峯山修験本宗 第五代管長
総本山金峯山寺 第三十一世管領
五條良知《ごじょうりょうち》

第一章　蔵王権現さま

蔵王権現さまとは

◉壊れることのない、最強不滅の真理を体現されたお方

蔵王権現さまは、正式なお名前を、「金剛蔵王権現《こんごうざおうごんげん》」といいます。

衆生の三世《さんぜ》を救済する仏さまであり、修験道の御本尊であります。そして金峯山寺の御本尊でもあります。

「金剛」とは、「金剛不壊《こんごうふえ》」という言葉があるように、絶対に壊れることのない、輝きを失わない最強なものを意味します。

「蔵」とは、崩れたり壊れることのない不滅の真理を体現していることです。

「王」とは、統一する、究極を司《つかさど》るという意味です。

すなわち、絶対に壊れることのない、最強で不滅の真理を体現し、輝きを失わず、あらゆるものを司っているお方ということです。

◉蔵王権現さまを感得

役行者《えんのぎょうじゃ》が大峯《おおみね》の山上《さんじょう》ケ岳《がたけ》（現在の奈良県吉野郡天川村）で一千日の修行をされたとき、行者の深い祈りに呼応して、蔵王権現さまがそのお姿を現わされました。

蔵王権現さまを感得《かんとく》されたのです。

「感得」とは感じとることであり、悟り知ることです。信心が神仏に通じて、願いが叶うことをいいます。

修行による深い深い祈りの霊的な次元から、たしかに蔵王権現さまを実感されたということです。祈りの力と霊力によって、蔵王権現さまを出現させたともいえましょう。

◉権現とは仮のお姿で現れること

蔵王権現さまのあの恐ろしいお姿は、悪世に生きて心が苦しむ人々に対して、厳しく指導し、魔を粉砕しようというお姿です。衆生を救済するために、憤怒《ふんぬ》の形相《ぎょうそう》のお姿としてあらわれたのです。

「権現《ごんげん》」とは、「仮のお姿で現れる」ことを意味します。ほんとうのお姿そのものが現れるのではなく、その時、その場所、その人々の心の状態に応じて現れるわけです。ちなみに、「権《ごん》」とは「一時的、仮に」という意味です。「現」は、文字通り「現れる」です。

恐ろしいお姿の蔵王権現さまですが、それは衆生救済のために現れたお姿なのです。ほんとうのお姿（本地仏《ほんじぶつ》といいます）は、慈悲をたたえたやさしいお方です。やさしいお姿で現れると、悪世の人々は畏れ敬うこともなく、かえって邪見を重ねてしまうので、恐ろしいお姿を示されているのです。

●蔵王権現さまのほんとうのお姿

ほんとうのお姿（本地）とは、どなたでしょうか。

蔵王権現さまの本地は、慈悲心に満ちた「釈迦如来」であり、「観音菩薩」であり、「弥《み》勒《ろく》菩薩」なのです。

三体の仏さまが融合して、一体の変化身《へんげしん》として出現されたのが蔵王権現さまなのです。

この三尊はそれぞれ別々ではなく、もとは一つなのです。

衆生の前に現れたお姿は、それぞれ釈迦如来、観音菩薩、弥勒菩薩ですが、その三尊の心は一つです。

一つの心が、釈迦如来、観音菩薩、弥勒菩薩という三つの体に分かれて現れたのです。

三つの身体に分かれていても、心は一つ。三体の仏たちの心は一つ。

それは慈悲の心です。

◉蔵王堂の三体仏と三世救済

通常、蔵王権現さまは一体でまつられますが、蔵王堂には特別に三体の蔵王権現さまをおまつりしています。三体は、釈迦如来（中央）、観音菩薩（向かって右）、弥勒菩薩（向かって左）の三尊をあらわしています。

釈迦如来は「過去」、観音菩薩は「現在」、弥勒菩薩は「未来」をあらわしています。すなわち、蔵王権現さまは「過去」「現在」「未来」の三世にわたって、衆生を救うことをあらわしているのです。

釈迦如来は「過去世」

釈迦如来は、今から二千五百年前に、インドで修行をされて、悟りをひらかれました。過去に仏に成られたわけです。ですから、釈迦如来は、「過去」をあらわします。

観音菩薩は「現在世」

「観音」とは、「音を観《み》る」ということです。いまの私たち衆生の音(思い、願い、心)を観て、求めに応じてさまざまな変化身をあらわして、お救い下さるのです。ですから「現在」をあらわします。

蔵王堂秘仏本尊

弥勒菩薩は「未来世」

弥勒菩薩は、釈迦如来の滅した後、仏になることを約束された方です。

五十六億七千万年というはるか遠い未来に仏になられるお方なのです。ですから「未来」をあらわします。

このように、三尊は「過去」「現在」「未来」の三世にわたって衆生を救うことをあらわしているのです。そして、蔵王権現さまは、その三尊の変化身なのです。

釈迦如来は、この日本において蔵王権現さまというおすがたで、出現されました。蔵王権現さまが出現されたとき、役行者に対して、こうおっしゃったと伝えられています。

「私は昔、インドの霊鷲山《りょうじゅせん》で釈迦如来として、真理の法を説いた。八十歳で滅した（涅《ね》槃《はん》に入った）と思われているが、そうではない。私は、滅することなく現世と来世にわたって、いまも休むことなく衆生を救うために法を説いている。そうして、人々を救済するために、海に囲まれた日本列島の金峯山で、金剛蔵王権現として現れたのだ」。

釈迦如来は、久遠《くおん》という無限の過去から悟りをひらかれていたのです。

そして、滅することなくつねに衆生を救済し、いまも救済しつづけているのです。

さらに未来にわたっても、衆生の救済のためにおわし続けるのです。

二千五百年前にインドに生まれたゴータマ・シッダールタは、王子として育ちましたが、すべてを捨てて二十九歳で出家しました。三十五歳の時、菩提樹《ぼだいじゅ》の下で悟りをひらかれました。悟りを開いた釈迦族の聖者なので、釈尊《しゃくそん》と呼ばれました。お釈迦さま（釈迦如来）

のことです。

釈迦如来はさまざまな教えを説かれて、八十歳で涅槃《ねはん》に入りました。肉体をもった人間のありようとして、老い、病を得て、最期には亡くなり、荼毘《だび》に付されたのです。けれどもそれは仮のお姿で、真のおすがたは、無限の過去（久遠）において成仏しておられました。もともと久遠の昔に成仏していたけれども、衆生を導くために、インドに生まれて修行の姿を示し、悟りをひらいて教えを伝えたのです。このことは、『法華経《ほけきょう》』（如来寿量品《にょらいじゅりょうほん》）に説かれていることです。


蔵王権現さまの本地こそが、久遠仏としての釈迦如来なのです。

久遠仏としての釈迦如来が、衆生を救済するために、日本において蔵王権現さまとして現れたのです。すなわち久遠仏としての釈迦如来と、蔵王権現さまは同体なのです。

◉修験道にとっての『法華経』

『法華経』では、釈迦如来は久遠の昔に悟りをひらかれたと説かれています。この経典は、金峯山修験の依《よ》って立つ経典です。その意味で、『法華経』は、蔵王権現さまの本質をもっともよく伝えている経典なのです。

それゆえ、役行者は修行の根本道場として、大峯山脈の最高峯である八経ケ岳《はっきょうがたけ》の頂上に『法華経』を埋められました。八経ケ岳という山名も、『法華経』の一部八巻の「八」から名付けられたものです。

蔵王一仏信仰

◉蔵王権現さまは、密教の教主である大日如来

蔵王権現さまは、正式には「金剛蔵王権現《こんごうざおうごんげん》」といいます。

「金剛」とは、密教でいうところの「金剛界《こんごうかい》」をあらわし、「蔵」とは「胎蔵界《たいぞうかい》」をあらわします。「王」とは統《す》べるということで、金剛界と胎蔵界とを統一しているのです。それが、蔵王権現さまなのです。

金剛界と胎蔵界とを統一しているのは、密教においては大日如来《だいにちにょらい》ですから、蔵王権現さまは大日如来そのものでもあります。それゆえ、「金剛胎蔵王如来《こんごうたいぞうおうにょらい》」とも呼ばれるのです。すなわち、蔵王権現さまは顕教《けんきょう》と密教《みっきょう》にわたっての法王《ほうおう》、法主《ほっす》であるということができます。

◉釈迦如来、観音菩薩、弥勒菩薩の徳を一身にそなえた存在

顕教とは、釈迦如来の説かれた教えです。

密教とは、大日如来の説かれた教えです。

大日如来とは、いわば大宇宙そのものを身体とする仏さまです。

釈迦如来と大日如来は、別の仏さまではありません。大日如来という大宇宙を身体とする「真理身《しんりしん》」が、人の姿として現れたのが釈迦如来なのです。


すなわち、蔵王権現さまの本地は釈迦如来であり、大日如来ということです。蔵王権現さまの本地は、宇宙そのものである大日如来であり、久遠の昔に悟りをひらかれた釈迦如来なのです。

また、釈迦如来、観音菩薩、弥勒菩薩の徳を一身にそなえた存在が、蔵王権現さまということができます。さらには、蔵王権現さまのなかに、あらゆる諸仏・諸菩薩・諸天善神がふくまれているとも言えます。

◉宇宙という生命体を一つの仏さまとして表現

これは「一即多《いっそくた》・多即一《たそくいち》」という原理で『華厳経《けごんきょう》』で説かれている哲理です。

一つは多くのものであり、多くのものは一つである。

「一」とは、たった一つのものですが、それはすべてを包含した一つです。

その一つは、あらゆるものに遍満しているのです。あらゆるものは、その一つの多様な現れです。

多様なものは、どれをとっても、もとの一つと異なることはありません。

それが宇宙の真相であるという教えです。

たとえば、脳の中には、脳内神経のシナプス（脳の伝達物質）が網の目のように無数に関連しあっています。

宇宙を人体に例えると、ちょうど脳内神経のシナプスのようなものかもしれません。

すべてが網目のようになっていて、それらがたがいにつながって一つのいのちとなっています。

修験道の教えでは、この大いなるいのち、壮大な宇宙という生命体を、一つの仏さまとして表現したとき、それが蔵王権現さまになるのです。ゆえに、すべてが蔵王権現さまに通じていることになります。


私たちは蔵王権現さまを「法身蔵王《ほっしんざおう》」とも拝しています。「法身」とは、久遠より悟りを開かれている釈迦如来であり、大日如来のことでもあります。

それはすなわち、森羅万象《しんらばんしょう》です。

この大宇宙そのものを身体とする仏さまなのです。

蔵王権現さまという唯一仏のなかに、宇宙のすべてが包含されている。雄大無限の唯一仏といえましょう。

私たちは、蔵王権現さまを拝することによって、大自然、大宇宙と一体となって、限りない自由な境地を体得することができるのです。

このことは、理屈で理解しようとすると難しいと思いますが、山中に分け入り奥駈《おくがけ》修行などをすることによって、身体として実感されるところです。

◉蔵王権現さま一仏におまかせする

大いなるいのち、壮大な宇宙という生命体を、ひとつの仏さまとして表現したとき、それが蔵王権現さまになると述べました。

すなわち、蔵王権現さまを拝することは、すべての仏菩薩《ぶつぼさつ》、諸尊《しょそん》、神々《かみがみ》を拝することになる。蔵王権現さまのなかに、すべての諸仏・諸菩薩・諸天善神が含まれているわけです。

また、どのような仏菩薩や諸天善神や明王を拝しても、すべてが蔵王権現さまに通じているのです。

だから私たちは、蔵王権現さま一仏を拝し、安心して蔵王権現さまにおまかせすればよいわけです。

これが「蔵王一仏信仰」の真髄なのです。

ですから、いま身近に結縁している仏さまを大切にしてください。その仏さまを拝することが、蔵王権現さまに心が通じることになります。

そうしてまた、蔵王権現さまと深く結縁《けちえん》することによって、いま結縁している仏さまとの絆がさらに深くなるのです。

唯一仏たる蔵王権現さまに帰依心を集中することで、「大安心」の絶妙の境地を得ることができるわけです。

蔵王権現さまのお姿

私たちにとって、蔵王権現さまは、とてつもない力のある、頼りがいのある「護法尊《ごほうそん》」「守護尊《しゅごそん》」なのです。

◉お姿の説明

そのお姿を説明いたします。

蔵王権現さまを一言でいうと、忿怒《ふんぬ》の形相《ぎょうそう》です。怒りに燃えた恐ろしいお姿です。

なぜ、そのような恐ろしい姿で出現されたのでしょうか。

それは、人々を威嚇《いかく》するためではありません。悪魔を降伏《ごうぶく》させ、悪を粉砕《ふんさい》するためなのです。その一挙手一投足のすべては、悪魔を調伏せしめるものといえましょう。

詳しくお示しいたしましょう。

お姿	主にあらわす意味
身体は青黒《しょうこく》色	慈悲をもって降魔することをあらわしている。
眼は怒りに燃え、頭髪は逆立ち乱れ、口の両端から牙が刃のように出ている。	一挙手一投足のすべては、人々を威嚇するためではなく、悪魔を降伏させ、悪を粉砕するための相を示している。
右手に三鈷杵《さんこしょ》を握っている。	三鈷杵とは鋭い刃が三つ合わさった強力な武器。金剛杵《こんごうしょ》ともいう。絶対に壊れることのない最強の武器で、天魔を調伏し、仏法を護持する相を示している。
左手に刀印《とういん》を結んで腰を押さえている。	手の形は刀を象徴する。心に起こる煩悩を断ち切ることをあらわし、悪魔降伏・国土鎮護の姿を示している。

左足はどっかと盤石を踏まえている。	地下の悪魔を押さえつけ、大地の揺らぎを抑え、国土の災難を鎮静することをあらわしている。
右足は大地を高く蹴り上げている。	天地間の悪魔を払っている。また大宇宙の中で躍動していることをあらわしている。
背後に火炎が燃え盛っている。	煩悩を焼き払う炎であり、大智慧をあらわしている。

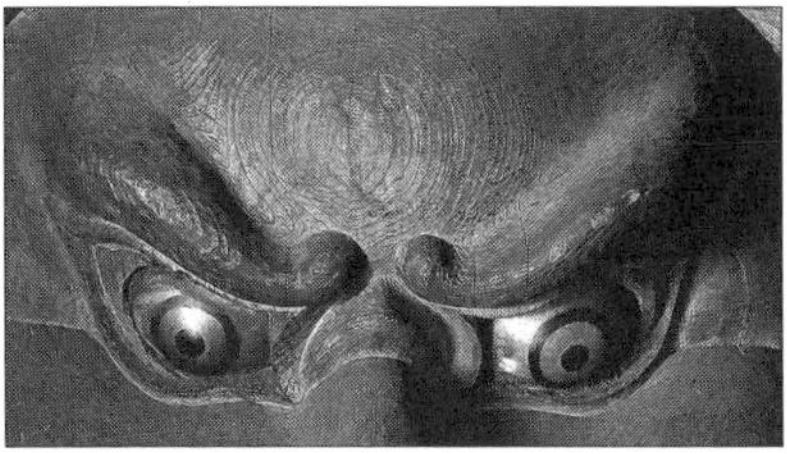

怒りに燃えた眼

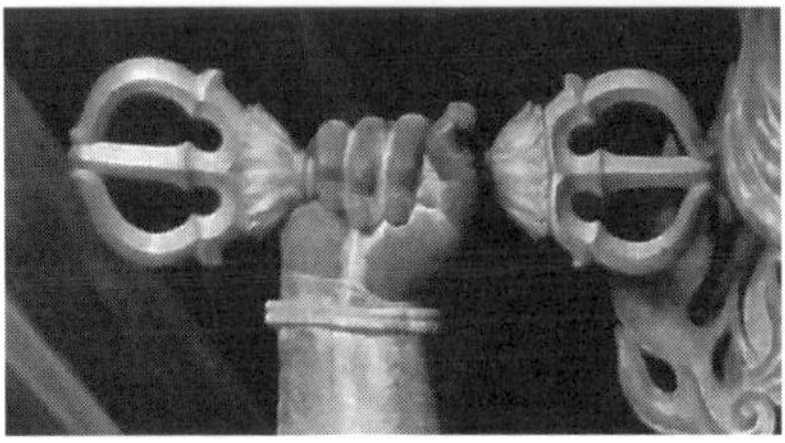

三鈷杵を持つ

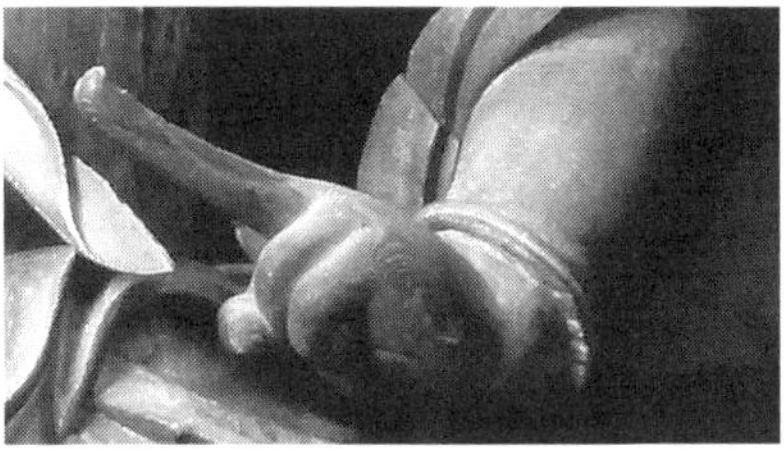

刀印を結ぶ

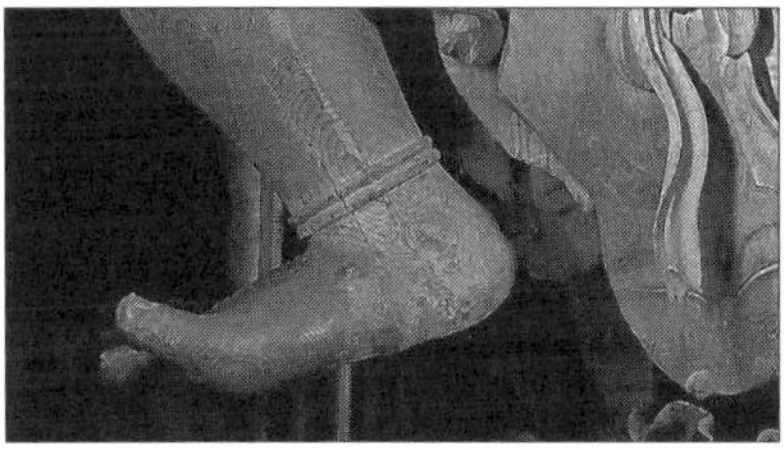

大地を蹴り上げる

◉金峯山寺の本尊・蔵王権現さまの像について

金峯山寺の本堂・蔵王堂には、御本尊である秘仏の蔵王権現さまが安置されています。その大きさは、中央の像は高さが七・二八メートル、右の像は六・一五メートル、左の像は五・九二メートルです。まことに威容を誇る三尊仏です。

秘仏本尊としては日本最大で、いずれも重要文化財に指定されています。創建以来、落雷や兵火などにより、なんどか焼失した記録があります。現在の蔵王堂は天正二十(一五九二)年頃、再建されたものです。蔵王堂の再建とともに、三尊仏がつくられました。三尊左尊の像内に天正十八（一五九〇）年の墨書銘《ぼくしょめい》がありますので、この頃に完成したようです。

現在のお像は宗印《そういん》仏師によってつくられました。

この仏師は、豊臣氏滅亡のきっかけとなった寺として有名な、京都方広寺《ほうこうじ》の大仏も手がけており、当時の巨像制作の第一人者であったと思われます。

◉秘仏の御開帳

蔵王権現さまは秘仏なので、通常は御開帳されておりません。厨子《ずし》には戸帳《とちょう》（幕）が掛けられており、じかに拝することはできません。私どもは、日々のお勤めは幕越しに礼拝しております。ただし、金峯山寺での得度受戒式では御開帳されますので、受戒者は参拝を許されます。

さらに特別開帳されるときもありますが、その時期は不定期です。現在は「国宝仁王門解体大修理勧進事業」として、春と秋に御開帳が開催されています。

また、四年に一度ひらかれる密教儀式「伝法潅頂会《でんぽうかんじょうえ》」のときに本宗門の修行者にのみ御開帳されます（令和四年秋に執行予定）。

また「千人結縁潅頂《せんにんけちえんかんじょう》」という儀式が催されます。これは、蔵王権現さまと深く結縁を結びたい方のために執り行われる儀式です。修行者でなくとも、広く一般の方も参加することができます。この結縁灌頂の際にも、秘仏を拝むことができます。

蔵王権現さまのお力

◉悪を粉砕するお力

蔵王権現さまは、悪魔、煩悩に立ち向かって、それを粉砕するお力があります。そして、衆生の三世を救済する力をおもちなのです。

ここにいう悪魔とは、「悪魔」という特定の存在ではありません。たとえば、人々の苦しみの元となる悪病や災厄を意味します。

苦しみや悩み、迷いを生じさせるはたらき、いのちの輝きを奪うはたらきを「魔」、あるいは「悪魔」と呼んでいるのです。

では、悪魔とはどこに存在するのでしょうか。

苦しみや悩み、迷いを生じさせるはたらきは、この世に存在します。そして、それは実は自分の心中にも存在しているのです。

たとえば、心の中に巣食う欲望やねたみ、憎悪なども、悪魔といえるかもしれません。仏教では、それらを「無明《むみょう》」とも「煩悩《ぼんのう》」とも呼んでいます。蔵王権現さまは、悪魔、煩悩に立ち向かって、それらを粉砕するお姿を示しているのです。

◉智慧と慈悲のお力

蔵王権現さまは、ただ恐ろしいだけではありません。智慧《ちえ》と慈悲《じひ》をおもちなのです。背後の燃えさかる火炎は、大智慧《だいちえ》をあらわしています。智慧を火であらわすのは、智慧の焔《ほのお》で煩悩の薪《たきぎ》を焼きつくすということなのです。

そして、御身の青黒色は、大慈悲をあらわしています。

見るからに恐ろしい姿は、ただ怒りに燃えているだけではありません。その根底には「恕《じょ》」のこころがあります。「恕」はゆるすと読みます。ゆるすには「許」という字もあります。許は、聞きとどける、相手の言うことを聞いてやるという意味ですが、「恕」には、相手をゆるす、おもいやる、いつくしむ、あわれむなどの意味があります。一切を恕《ゆる》し育《はぐく》み、人々を導こうという慈悲の心なのです。私たちは、日常の暮らしの中で、恕す心が大きくなるよう心をおさめていきたいものです。

蔵王堂に安置されている蔵王権現さまを拝するとき、その巨大さとすさまじさに最初は驚かれることでしょう。

が、やがて心が落ち着いてきて、大きくやさしく包まれている感じがいたします。じかに蔵王権現さまを拝するとき、おそろしい忿怒の形相の内面に、深い慈愛の御心を感じることができることでしょう。

◉衆生の三世を救済するお力

三世とは過去世・現在世・未来世のことです。

蔵王権現さまは、過去・現在・未来にわたって一切衆生を救済されるのです。

衆生を救うために、過去・現在・未来の三世にわたってこの世に出現されるのです。

さらには、私たちの心に起こる「過去への後悔」「現在の執着」「未来への不安や恐れの心」を鎮《しず》めてくださるのです。

蔵王権現さまのお力の根源は、諸仏、諸菩薩、諸天の徳がすべて備わっておられることです。釈迦如来、観音菩薩、弥勒菩薩の徳を一身に備えた存在です。

蔵王権現さまのなかに、すべての諸仏・菩薩・諸天善神・天神地祇《てんじんちぎ》までもがふくまれているのです。釈迦如来、観音菩薩、弥勒菩薩の徳を一身に備えた方が、蔵王権現さまなのです。

蔵王権現さまを拝することは、すべての仏菩薩、諸尊、神々を拝することになるのです。

私たちは、安心して蔵王権現さまにおまかせすればよいわけです。

蔵王権現信仰のはじまり

◉蔵王権現さまのご出現

天智天皇《てんちてんのう》が天下を治めていた頃（七世紀後半）のことです。

役行者《えんのぎょうじゃ》は、御年三十八歳のとき、金峯山上（山上ヶ岳）で衆生救済の道を求めて修行しておられました。一千日の苦行をされていたときのことです。

役行者は、この乱れた世に衆生を救って下さる仏さまを祈り求めておられました。

末世の時代といわれる濁りきった時代に、もっともふさわしい仏さま、まことの力のある、悪魔を退治できる本尊となる仏さま。役行者は、そのお方を求めていたのです。

深く祈っておられたとき、その御前《おんまえ》に仏さまが出現されました。

はじめに役行者の御前に現れたのは、釈迦如来でした。

しかし、役行者はこう申し上げました。

「お釈迦さま。この乱れた世の人々には、あなたさまの本当の姿を見ることはできません。心の猛々《たけだけ》しいこの世の衆生に、もっとふさわしいお姿をお示しくださいませ」
こう申し上げると、釈迦如来はたちまち姿を消したのです。

せっかく釈迦如来が現れたのに、役行者は退《しりぞ》けてしまったのです。役行者は、悪世の濁りきった世の中にもっともふさわしい姿の仏を求めていたからです。

役行者はさらに祈りました。すると、柔和なお姿の観音菩薩（千手千眼観世音菩薩《せんじゅせんげんかんぜおんぼさつ》）が、空中から湧き上がるように姿をあらわしました。

しかし、再びこう申し上げました。

「観音さま。あなたさまは、すべての徳をそなえ、慈悲に満ち、人々の苦しみを滅してくださる方であられます。ありとあらゆる姿に変身して、私たちを救済してくださいますが、そのためなおさら、いまの悪世にはふさわしくないのです。どうか、この世の衆生にもっとふさわしいお姿をお示しください」

すると、観音菩薩は姿を消しました。

役行者は、さらに祈りました。

すると、次に弥勒《みろく》菩薩が姿をあらわしました。

弥勒菩薩とは、慈悲を体現された菩薩です。釈迦如来が入滅されて後、五十六億七千万年後に仏になられるという菩薩で、「未来仏」ともいわれています。

しかし、役行者はまたもや、こう申し上げました。

「弥勒さま。あなたさまは、お釈迦さまの後継者であられます。大いなる慈悲に満ち、人々の苦しみを滅してくださる方であられます。しかも、この日本とは縁の深い菩薩さまであられます。

しかしながら、今のような末世にはふさわしくありません。この世の衆生にもっとふさわしいお姿をお示しください」

すると、弥勒菩薩は姿を消しました。

こうして役行者は釈迦如来、観音菩薩、弥勒菩薩を退けてしまわれました。

悪世になると、素直な心がなくなって、人々の心が濁ってきます。そうした人々には、柔和な優しい仏さまのお姿は、なかなか伝わりにくいのです。悪に厳しく立ち向かい、悪を調伏する守護尊こそ、いまの人々には必要だと役行者は思われたのでした。役行者は、

「悪魔を降伏させることのできるような仏さまよ、どうか現れてください」

とさらに深く深く祈ったのです。

その時です。天地が俄《にわか》に揺れ動き、もの凄い雷鳴が轟《とどろ》いたのです。盤石《ばんじゃく》を割って、大地の間から忿怒相のすさまじいお姿の方が出現されました。青黒い色をして、怒りの形相をされていました。しかも、右の手に三鈷杵《さんこしょ》を持ち、左の手には刀印《とういん》を結んで腰に押しあてています。盤石の上にお立ちになったのです。

そのお方こそが、蔵王権現さまだったのです。行者は、

「この方こそ末世の民衆を救うためにあらわれた仏さまであり、真に求めていた本尊だ」と確信しました。こうして、蔵王権現さま出現のときが、わが国における修験道のはじまりと金峯山修験では定めています。

◉山上ヶ岳の山頂にご出現された

蔵王権現さまが出現されたのは、金峯山の山上ヶ岳《さんじょうがたけ》の山頂といわれています。盤石を割って湧出されました。ですから、御出現の一帯を湧出ヶ岳《ゆうしゅつがたけ》、湧き出た岩を湧出岩《ゆうしゅついわ》と今も称しています。岩からまさに湧き出るように、出現されたことでしょう。

山の岩から神が出現するというのは、神道にも通じるものです。

大きな岩を磐座《いわくら》として、注連縄《しめなわ》が張られているのを、よく見かけることがあります。湧出岩も神界と人とをつなぐ岩だったと考えられます。

蔵王権現さまは修験道独自の本尊ですが、本地は釈迦如来そのものです。そして仏さ

蔵王堂秘仏本尊 蔵王権現（中尊／釈迦如来）

までありながら、神道の神のような出現の仕方をします。

このことは、根本のところでは、神と仏は分かちがたく一体ということを示しています。修験道が多くの人々を惹きつけてきたのも、神仏が一体となって三世を救済するという教えにあるのだと思います。

蔵王権現さまがお立ちになった場所は、現在の山上ケ岳山上本堂《さんじょうほんどう》（大峯山寺《おおみねさんじ》）の内々陣《ないないじん》にあるといわれています。

この内々陣は龍《たつ》の口《くち》と称し、秘所中の秘所として、いまでも誰も入ることはできません。山上本堂は、この秘所中の秘所をおおうように、建てられているのです。

かつて本堂の修理がおこなわれたときも、この部分だけはまったく手を入れませんでした。それくらい、聖域中の聖域として大切にされてきたのです。

龍の口は、龍穴《りゅうけつ》とも呼ばれます。龍は雲を起こし、雨をよぶといわれます。その住処となる洞窟が龍穴なのです。

吉野山から山上ヶ岳までの道中に「蛇腹《じゃばら》」という地名があります。吉野山から山上ヶ岳までを金峯山と総称するのですが、吉野山が龍の尾であり、山上ヶ岳が龍の頭なのです。

すなわち金峯山はひとつの龍体であり、その上を修行することにより、罪障がことごとく消滅するという「龍体信仰」も背景にあるのです。

◉蔵王権現さまの像を刻む

役行者は、蔵王権現さまの出現を大いに喜び、蔵王権現さまこそ、濁世の衆生を救済する本尊と確信されました。そして、そのお姿を山桜の木に刻まれました。

なぜ山桜の木かというと、本尊として後世に末永く伝えていくためには、堅牢《けんろう》な木がよいとして、山桜を選ばれたのだと思います。なにより桜は日本人にとって特別な木であったこともありましょう。桜はそもそも霊的な力があり、鎮魂《ちんこん》のはたらきのある聖木であったのです。役行者は、

「桜は蔵王権現のご神木《しんぼく》だから、けっして伐ってはならぬ」

と里人に諭されたと伝えられています。こうして吉野にあっては、桜は御神木として大切にされてきたのです。桜は枯木、枯枝さえも焚火にすると罰《ばち》があたるといって大切にされてました。

「桜一本首一つ、枝一本指一つ」

といわれるほどに厳しく伐採が戒められました。また、訪れる人々が蔵王権現さまへの信仰の証《あかし》として、御神木の桜を献木してきました。そうして、永い年月を経て「吉野山といえば桜、桜といえば吉野山」といわれる桜の名所となったのです。

◉役行者は蔵王権現さまの像を、山上と山下におまつりされた

役行者は、蔵王権現さまの出現された山上ヶ岳の山頂に像をおまつりしました。それによって、蔵王権現さま出現の霊地であることを示されたのです。

さらに、多くの人々のために金峯山寺の麓《ふもと》（山下）にお堂をつくっておまつりされま

山上本堂（大峯山寺）

した。それが、吉野山の蔵王堂なのです。

山上ヶ岳は女人禁制の地で、女性は今でも登れませんし、また山が開いている期間も限られ、いつでも誰でも参拝できる所ではありません。それ故に、いつでも誰でもお参りできる場として、山上に対する山下にお堂を建立されたのです。

◉「権現」とは、仏さまが衆生済度のために神の姿で現れること

これまで述べたように、本地仏である釈迦如来・観音菩薩・弥勒菩薩が、蔵王権現さまという忿怒のおすがたで現れたわけです。

仏さまが衆生済度のために神の姿をかりて現れることを、「権現」といいます。外に現れたお姿は神ですが、その本体は仏さま。権現信仰とは、仏教的な宇宙観と神道の特性が融合して成り立った、修験道独自ともいえるわが国固有の信仰形態なのです。

仏さまが神として現れたというかたちは、全国の霊山でもみられます。たとえば、熊野三山では、熊野三所権現《くまのさんしょごんげん》をまつりますが、本宮は阿弥陀如来、新宮は薬師如来、那智《なち》は千手観音を本地仏としています。

白山権現は、十一面観音菩薩を本地仏としています。白山大権現、白山妙理《みょうり》権現とも呼ばれました。

富士山は大棟梁権現《だいとうりょうごんげん》と浅間《せんげん》大菩薩が主神でしたが、明治になって権現信仰が禁止されると、木花咲耶姫《このはなさくやひめ》になりました。この他、権現信仰の例は数多くあります。

これらは山岳信仰にみられるもので、その根底のところは、すべて修験だったのです。

蔵王権現さまの拝み方

◉蔵王権現さまのお力を授かるための「とも祈り」

どうぞ金峯山寺に参詣して、蔵王権現さまに直参《じきさん》してください。かならずや蔵王権現さまのお力をいただくことができるでしょう。

遠路を押して参詣されることの功徳力は、たいへんに大きいものがあります。

ただ、直参するには、さまざまな難しい要因があるかと思います。生活を不調和にしてまで、無理に参詣する必要はありません。大切なことは、日々のなかで、蔵王権現さまを真剣に念ずることです。

真剣に念ずれば必ず応えて下さるのが蔵王権現さまです。

金峯山寺では、「とも祈り」を提唱しています。それぞれ場所が異なっても、同じ気持ちで祈ることは、蔵王権現さまに必ず通じるのです。

蔵王堂では、毎日、欠かすことなくご宝前にて「とも祈り」「長日祈願《ちょうじつきがん》」が行われています。どなたでも、この長日祈願に申し込むことができます。

蔵王権現さまの御前にて、自身の祈願が、一山の僧侶によって毎日欠かさず続けられています。そのことで、蔵王権現さまとの更なる深いご縁を結ぶことができます。

◉真剣に念ずる意義

蔵王権現さまを拝するときには、「南無《なむ》」の心が大切です。「南無」とは、南無阿弥陀仏、南無妙法蓮華経、南無八幡大菩薩などというときの「南無」です。

この「南無」とは梵語 namas（ナマス）の音写ですが、「帰命《きみょう》する」という意味です。

「いのちをかけて大切にする」

「心の底からお願いする」

「すべておまかせします」

ということでもあります。蔵王権現さまに、一切合切おまかせしてしまうのです。それが、真剣に念ずるということでもあります。

蔵王権現さまにおまかせしてしまえば、日々の暮らしは、蔵王権現さまの腕の中に抱かれているようなものです。

苦しいとき、つらいとき、困難にあったとき、蔵王権現さまを念じて下さい。あるいは、うれしかったとき、幸せを感じたとき、蔵王権現さまに感謝の心で念じて下さい。

それが、「南無」であり「帰命」ということです。

帰命することによって、心は常に平安になります。希望と勇気が湧いてくるのです。

◉ほんとうの蔵王権現さまの御利益

真剣に願えば、願いを叶えてくださるのが蔵王権現さまです。

けれども、なんでも「思い通り」になるわけではありません。

なぜなら、人間ですから、善い願いばかりとは限りません。時には他人に害を与える思いもあるかもしれません。また、願いが叶うことで、かえって不幸になってしまう場合もあるのです。

不幸になる願いは、叶いません。時には、善導のために、蔵王権現さまからお叱りを受けることにもなります。

けれどもこれは、慈悲のお叱りです。じつは、蔵王権現さまから叱られるということは本当にありがたいことなのです。

願いが成就しないとしたら、「まだまだ修行しなければならない」ことを示して導いてくださっているわけです。

蔵王権現さまのご利益とは、願いごとが叶うというだけではありません。

すばらしいのは、蔵王権現さまに守護されながら、安心して生きていけるということにあります。

どんなときでも、いつも蔵王権現さまが見守ってくださるのです。この喜びは他にたとえようがありません。

信仰の醍醐味《だいごみ》は、逆境になればなるほど力が出てくることです。そして、順境のときでもおごり高ぶることがなくなります。

どのようなことがあっても、すべてが蔵王権現さまのお導きである。――そのようにありがたく頂いて、力強く生きていけるのです

それが、ほんとうの蔵王権現さまの御利益なのです。

◉蔵王権現さまをおまつりする心構え

蔵王権現さまをおまつりするのは、家のなかに蔵王権現さまをお迎えすることです。

家の中に蔵王権現さまがおいでになり、蔵王権現さまとともに日々の暮らしを営むことになるのです。

蔵王一仏に自分のすべてをおまかせして、どうか安心の日々をお過ごし下さい。

拝むのは、心が大切です。

心は形を伴うものです。また形が整えば、心がついてきます。

ですから、蔵王権現さまの御前では、きちんとした礼拝作法が肝要です。

まず、場を浄めましょう。蔵王権現さまのお札の安置してある場は、つねに清浄にしておきましょう。

礼拝の場が清まれば、おのずとわが心も清まって参ります。お掃除をして清浄にすることは、自らの心を清浄にすることにつながります。

礼拝の場が汚れて乱雑であったならば、わが心も汚れて乱雑になってしまいます。

拝むときには、まず口をすすぎ、手を洗い、衣服をきちんとして身を清めます。

蔵王権現さまの御前で、朝夕、礼拝されることがもっとも肝要です。

一日のはじまりの朝、「おはようございます。本日も、悩み苦しむことのない幸せな一日でありますよう」とお願いしましょう。就寝前には「本日も、無事に過ごさせて頂きました。ありがとうございます」と御礼申し上げましょう。

また、仕事や旅などに出かけるときに、「行って参ります。どうか御守護をお願い申し上げます」と祈念申し上げるのです。

そして、帰宅したときには「無事にもどってまいりました。御守護をありがとうございます」と報告申し上げるのです。

さらに、さまざまな困難や苦しみ、悩みが起きたときには、「どうか守護をしてください」と心の底から祈念申し上げるのです。

できれば早朝、朝食の前に拝むのが理想的です。すがすがしい朝に蔵王権現さまに心を合わせて、一日のスタートを切ることはすばらしいことです。

また、夜分、寝る前にもう一度、本日のお礼のご挨拶をして床に就くようにいたしましょう。そうすれば安心して、眠りに入ることができると思います。

そして、「とも祈り」の心を持って、都合のよいときにも拝むことがよいのです。

蔵王権現さまをおまつりするには、お札《ふだ》、檜《ひのき》に刻まれた御影《みえい》、あるいは『三世護身乃《さんぜごしんの》柵《さく》』がよろしいかと思います（後述）。

御影やお札、『三世護身乃柵』によって、蔵王権現さまとのご縁、お寺とのご縁をつないでくだされればと願っています。それぞれ蔵王堂にてお授けしておりますので、お問い合わせください。

◉勤行と御真言

勤行は「金峯山勤行儀《きんぷせんごんぎょうぎ》」に沿って、本尊三礼、懺悔文《さんげもん》、祓《はらい》、発菩提心真言《ほつぼだいしんしんごん》、三昧耶戒《さまやかい》真言《しんごん》、祈願《きがん》表白《ひょうびゃく》、開経偈《かいきょうげ》と進みます。

お経は「九條錫杖経《くじょうしゃくじょうきょう》」「如来神力品《にょらいじんりきほん》」「観世音菩薩普門品《かんぜおんぼさつふもんぼん》」「般若心経《はんにゃしんぎょう》」等を随時読経してください。

お経の後に、「諸真言」「宝號《ほうごう》」「本覚讃《ほんがくさん》」をお唱えください。

「金峯山勤行儀」をご参照ください。

拝むときには、念珠を持つとよいでしょう。念珠をもつことによって、心が落ち着いて集中するようになるものです。

御真言を示します。

蔵王権現	おん　ばさらくしゃ　あらんじゃ　うん　そわか
役行者	おん　ぎゃくぎゃく　えんのうばそく　あらんきゃ　そわか
不動明王	なまく　さまんだ　ばさらなん　せんだまかろしゃな　そわたや　うんたらた　かんまん

御真言は三遍から始まり七遍、二十一遍、百遍。さらには心ゆくまでお唱えください。楽しいとき、つらいとき、苦しいとき、どんなときでも心ゆくまでお唱えください。

唱えるほどに活力が湧いてきます。爽快になっていきます。気持ちが落ち着いてきます。そして、心身が浄化されていくことを、たしかに実感されることと思います。

また、「とも祈り」では、「南無蔵王大権現」と十遍お唱えすることをお勧めしています。ひとりの祈りは十遍でも、十万人の心同じくする方々とともに祈れば、百万遍の大きな祈りにつながるのです。

◉お札とお供えについて

御札を貼る位置は、理想的には、太陽の昇ってくる東向き、あるいは太陽の照る南向き（拝む人は西か北に向くことになります）になるのがよろしいです。やむをえない場合は、どちらの方角でもかまいません。ともあれ、いちばん清々しく落ち着く場所がよいのです。また、大神宮のお札とは別々におまつりしたほうがよいでしょう。

お供えについては、昔から「百味《ひゃくみ》の供養」といって、神仏に百種の御馳走をお供えし、ご供養するのがよいとされています。

七日は役行者さま、十九日は蔵王権現さまのご縁日ですので、とくにこの日に、心づくしのお供えをいたしましょう。

大切なのは、

「蔵王権現さまに喜んで頂こう」

「どうしたら蔵王権現さまの御心にかなうだろうか」

という心が重要です。神仏に自分の誠意を示すことが肝心なのです。

お仏壇や神棚の掃除、水の取り替え、灯明をつけることは、すべて自身の功徳善根《くどくぜんこん》になることなのです。

もしも「面倒だなあ」「いやだなあ」「後回しでいいや」という気持ちで、お供えするとしたら、その心が神仏に伝わってしまいますので、気をつけましょう。

お香や灯明は、普段、お使いの線香で結構です。ただし、なるたけ品格のあるよい香りのものを使うようにしましょう。神仏が喜ばれるのは、物よりも良き香りということもいえます。

お灯明はロウソクが望ましいです。電灯をロウソクの形にしたものをお使いの家庭も見られますが、本物のロウソクのほうが心持ちからしてもよろしいでしょう。礼拝供養のあとには、必ず消してください。

お供えして頂きたいものは、お水、仏飯、塩、お花、お香、そしてお灯明です。

仏飯のかわりに洗米でも構いません。七洗いして水を切ったものをお供えします。

お花は樒《しきみ》や榊《さかき》でなくても、よろしいです。色花でもかまいません。

トゲのある花や枯れた花、腐った花はいけません。お庭に植えてある四季の色花など、新鮮な花でも結構かと思います。

お水はできるだけ、毎朝、とりかえるようにしましょう。下げた水はそのまま頂くか、植木にあげるのもよいでしょう。

こうしたお供えする行為そのものが、自らの功徳善根となっていくのです。

その他、お菓子、果物または青物、お酒等をお供えしましょう。これは、毎日でなくても結構です。いただきものなどがあったとき、まず蔵王権現さまにお供えし、礼拝してからいただくようにいたしましょう。

毎朝、決まってお供えするご飯やお茶などは、だいたい夕方に下げて頂いて結構ですが、もし夕方までに礼拝ができなかった場合には、夜分、礼拝してお下げしても差し支えありません。

お供えに適さないものは、肉類などはもちろんのこと、ニンニク、ネギ、ニラ、ラッキョウ等、生臭く香りの強烈なものは、避けるようにしましょう。

◉つねに携えることのできる本尊さま　―『三世護身乃柵』について

人々の心の拠り所となることを願って金峯山寺では、『三世護身乃柵《さんぜごしんのさく》』を授与しています。これは、本地仏として釈迦如来、観音菩薩、弥勒菩薩のお姿を描いた三つ折りの柵です。

この三尊が、そのまま蔵王権現さまなのです。

柵《さく》というのは砦《とりで》です。砦というのは出城《でじろ》のことです。そして、本城は吉野山蔵王堂です。柵をひらいたところがそのまま金峯山浄土、蔵王権現さまの結界に守られた法城になります。

『三世護身乃柵《さんぜごしんのさく》』は、つねに携えて、朝夕、「とも祈り」の際、至心に開いて拝してください。柵を携えていることで、蔵王権現さまに守られているのだという安心感と勇気をいただくことができるでしょう。

小さなものですから、バッグの中にも入れることができます。外出するときには、つねに携えてください。旅先などでは、『三世護身乃柵』を開いて、自身が金峯山に在ると

三世護身乃柵

思い描いて勤行することができます。

ご家庭で安置するときには、箱の上や棚に安置しても構いません。理想的には、家の中のもっとも落ち着いた場所がよいです。尊貴な方をお迎えするように、できるだけ落ち着いた居心地のよい、清浄な場所におまつりしてください。

なお、蔵王権現さまは、衆生の三世を救って下さるお方ですから、先祖の供養にも通じます。けれども、仏壇の中で位牌と並べて御安置するのはお勧めしません。仏壇に安置できるよう、本宗では別途『仏壇乃柵』を用意してございます。『三世護身乃柵』にお水やお香などのお供えものはしなくてもよろしいです。

『三世護身乃柵』は、蔵王堂にてお授けしております。柵袋も用意してございます。

蔵王権現さまとの結縁

◉密教の最高秘密の儀式　潅頂

蔵王権現さまと深く結縁を結んでいただくには、「千人結縁潅頂《せんにんけちえんかんじょう》」という儀式がありま す。千人結縁潅頂は、蔵王堂という日本一の潅頂堂にて行われます。

これは、蔵王権現さまと深く結縁を結びたいという方のために執り行われる儀式です。

僧俗など一切の資格を問わず、どなたでも入壇（参加）できます。

「壇」とは、曼荼羅壇《まんだらだん》のことです。分かりやすくいうと、仏さまの悟りの世界です。

「入壇」とは、蔵王権現さまの世界に、じかに入ることです。

潅頂を受けることは、忙しい（忙という字は、心を亡ぼすと書きますね）日常生活を離れて、仏さまとじかに対面し、ご縁を結ぶことで、より充実した人生を歩むという意義があります。

千人結縁灌頂

灌頂とは、密教の最高秘密の儀式です。もとは、インドの古代語であるサンスクリット語の〝アビシェーカ〟の訳で、「頂き《いただき》にそそぐ」という意味です。

古代のインドでは、皇帝が即位の儀式のとき、四海の水をひとつに集めて頂にそそいだのです。それにちなんで、自分が仏であるという自覚をもつ儀式として行われるようになったのです。

灌頂は、蔵王権現さまの智慧と慈悲をあらわす香水を、頂にそそいでもらい、煩悩を洗い流して、自分が本来、仏さまと同じであることを自覚する法儀です。

水をそそぐことで、いのちそのものを清めるのです。そして、蔵王権現さまの智慧と慈悲のお力がそそがれるのです。

蔵王権現さまの大慈悲によって加持された香水を、管長さまが一人ひとりの頭上から心の中にそそぎ、「いのち」そのものを洗い清めるのです。結縁潅頂を受けることによって、蔵王権現さまとの深い縁を結ぶことができるようになります。

結縁潅頂は、蔵王権現さまの世界に生身のまま入り、わが身が蔵王権現さまと一体になり、蔵王権現さまと真実の親子にして頂ける、この上もない尊い法儀です。

心の底から湧き出る法悦歓喜の世界を体得することができることでしょう。どんなときでも、蔵王権現さまに見まもられながら、道を歩ませてもらうことができるようになります。

一般的に潅頂には、僧侶のための「伝法《でんぽう》潅頂」、修行者のための「受明《じゅみょう》潅頂」、信徒が御本尊様と深く縁を結ぶための「結縁《けちえん》潅頂」などがあります。本宗では、伝法潅頂と結縁潅頂が連綿と相伝され、盛んに行われてきました。

本山得度式

伝法潅頂は、（師匠が）弟子に免許皆伝をする際に行うもっとも重要な法要です。

◉得度と在家仏教の道

結縁潅頂とは別に、さらに法縁を深めるためには、得度《とくど》の道があります。

得度とは、生死の苦海を渡って真のやすらぎの世界に至ること、俗世間にありながら仏道修行者としての新しい道を歩むことをいいます。

在家の信者の方々から僧侶を志す方々まで、どなたでも得度を受けることができます。

「得度式」では袈裟と数珠と勤行儀をいただき、釈迦如来より正しく伝えられてきた「戒法」を受けて、法名（受戒名）をいただき、正式に仏道を歩むことになります。

本宗は優婆塞《うばそく》の仏教、すなわち在家仏教の道を示しています。修験道は在家仏教の元祖です。在家者でありながら仏さまの世界に入り、仏道を歩ませていただくのです。

在家仏教のもっとも大きな特色は、生活のなかに仏法が生かされていることです。家庭、職場、地域、生活のすべてが修行の場です。心を磨いていく場です。日々の暮らしをそのまま仏道として、歩ませてもらうのです。

得度のためには、当山に参詣して、蔵王権現さまに直参を重ねて、直接指導を受けられる師僧に巡り会ってから、受戒されることをお勧めします。

第二章　役行者と修験道

役行者とはどういうお方

◉修験道の開祖は役行者

役行者は、その名を役小角《えんのおづぬ》といいます。金峯山寺の開祖であり、わが国で初めて修験道をひらいた方です。

飛鳥《あすか》時代から奈良時代にかけて活躍されました。生年は六三四年の元旦、七〇一年の六月七日に昇天されました。

役行者は、著作などほとんど何も残されてはいません。数多くの寺を開かれましたが、生涯にわたって定住されませんでした。

修験道の開祖ではありますが、修験道という組織をつくってはいないのです。

蔵王権現のお姿が信仰であり、教えなのです。

ただご遺訓として有名なのは、次の言葉です。

「身の苦によって心乱れざれば証果《しょうか》おのずから至る」

身体にどれほどの苦痛があっても、心が乱れなければ、悟りはおのずから得られるということです。

修験道は実修実験《じっしゅうじっけん》、修行得験《しゅぎょうとっけん》の道といわれます。自らの身体をつかって修行して、「験《しる》し」を得るところに、その神髄があります。

「修する」とは、役行者の教えを修するのであり、「験《しる》しを得る」とは、たんに験力《げんりき》や神仏の加護《かご》を獲得することではありません。自らの心を高めていくこと、すなわち菩提心《ぼだいしん》（悟りの心）を得ることにあります。

役行者は、一言でいうと、知恵も力も超人的で神仙人のような人だったことでしょう。悟りを得ていたからこそ、さまざまなことを超えることができたのだと思います。一《ひと》言主《ことぬし》の神さまでさえも、縛りつけてしまうことのできるような方です。権威に頼ることもしないし、権威を欲してもいません。実に破天荒な人物だったのです。当時の組織や宗教という枠組みにはおさまらないスケールが大きい方だったことでしょう。それゆえ朝廷からは、警戒され迫害されました。そうして時代が移っても、つねにヒーローとして語り継がれてきたのだと思います。

◉役行者の生涯

役行者は、舒明《じょめい》天皇六年（六三四）の元旦、葛城山の麓で誕生され、名を小角《おづぬ》といいました。父は高賀茂朝臣真影麻呂《たかかものあそんまかげまろ》、母は刀良売《とらめ》（白専女《しらとうめ》）と伝えられています。母は、金《こん》剛杵《ごうしょ》を呑《の》む夢を見て小角を受胎したといいます。

幼少の頃から神童の誉れが高く、土で仏像や仏塔を作って拝んでいました。成長すると、日本に渡来して間もない仏教を学びました。

しかし、仏法を学ぶだけでは満足しませんでした。おそらく、当時の学問的な仏教、読

役行者と前鬼・後鬼

経と瞑想、国家の安泰を祈祷するだけの仏教では満足せず、山岳に入り大自然の霊威を実感する修行を行いたいと思われたのかもしれません。

まもなく葛城山《かつらぎさん》に登って苦行と修練の生活に入られました。また葛城山で修行しているとき、はるか東方にそびえる大峯《おおみね》連峰を究極の修行の地と定められました。

十九歳にして葛城山を出て金峯山に修行の場を求めました。金峯山は仏教渡来以前から神秘の地・神仙の地でした。修行者たちの憧れの聖地でもありました。

小角は修行を重ね、体験を通じて仏教を学びました。修行を行うことは身体に苦痛を与えるものです。険しい山中を歩き、食料や水も自分で手に入れなければなりません。山に伏すのですから、ぬくぬくと眠るわけにもいきません。

行者は金峯山を修行の本拠地とされ、修行を重ねて超人的な霊能力を得ていきました。

やがて、金峯山上で一千日の苦行に入られました。

そうして、ついに金剛蔵王権現さまを感得されました。役行者が修験道の開祖となられたのは、実にこの点にあります。ここ吉野大峯に修験道の基礎を開かれたのです。

役行者は、あくまで自らの修行に徹したのであり、教団を作ろうとか信徒を得ようとされたわけではありません。しかし、やがてその威徳を慕って、多くの人々が弟子となっていきました。

その弟子のなかに韓国連広足《からくにのむらじひろたり》という者がおりました。彼はいつしか役行者の名声をねたむようになりました。そして、行者が人々を惑わしていると文武天皇に讒言《ざんげん》したのです。

朝廷は直ちに役人を派遣して小角を捕えさせようとします。しかし、小角は霊力を以て忽然と空へ飛び去り、なかなか捕えることができません。そこで、彼らは母の刀良売《とらめ》を捕えたのです。

小角は母を救うため、仕方なく姿を現して捕えられることにしました。朝廷は、役行者を伊豆大島へ流罪としました。けれども、役行者は昼間は伊豆大島にいましたが、毎夜、海上を歩いて空を飛び、富士山に行って修行したといわれます。

役行者は二年後の大宝元年（七〇一年）、無実の罪と判り、許されて大和へ帰ってきました。

帰国後まもなく大峯山に入り、同年六月七日に昇天したと伝えられています。

一説には、箕面《みのお》天上ケ岳から空高く昇天したとか、母を鉢にのせて海を渡って唐に行ったとも伝えられています。

◉役行者についての史料

正式な歴史書に『続日本紀《しょくにほんぎ》』や、また聖武天皇の御代、薬師寺の僧景戒《けいかい》が著した『日《に》本霊異記《ほんりょういき》』にも、役行者のことが書かれています。さらに、数多くの伝記が残されています。

『続日本紀』には「葛木山《かつらぎさん》に住し呪術《じゅじゅつ》を以《も》て称せられ」と記されています。その文武天皇紀に「五月二十四日小角を伊豆へ流す」とも書かれています。

『日本霊異記』には「役優婆塞《えんのうばそく》は葛上郡茅原里に生れ、賀茂の役公の人」と記されています。

「役優婆塞」とありますが、「優婆塞《うぱそく》」とは出家せず、在家のままで有髪で仏道修行している男性をいいます。女性は優婆夷《うばい》といいます。

役行者は生涯、在家を通されました。ゆえに本宗は、在家仏教を標榜しているのです。

◉たいへんな神通力があった役行者

『日本霊異記《にほんりょういき》』によれば、大要、次のように記されています。

「役行者は、三宝を信じ毎夜五色の雲を呼びよせ、天外に飛び出て大勢の仙客と共に遠く霊地に遊んだ。また岩窟に入り葛を着て松を食い、清泉に浴して俗界の垢を洗った。孔雀明王の呪法を修行して思うままに鬼を使うことができた。」

また『続日本紀』には「葛木山に住し呪術を以て称せられ」と記されていますが、呪術とは、普通の人々にはない特殊な能力です。祈禱によって、心をむしばむ悪魔を調伏する力といえましょう。

行者は葛城山で修行しているとき、呪術によって鬼神を使役《しえき》して、水を汲ませたり薪を採らせたりしました。命令に従わないときには呪術で鬼神を縛ったといいます。

それらのことは、山中で苦行に苦行を重ねて得られた何事にも屈しない強固な精神力、煩悩を克服した高邁な人格、一度会った人には相手を魅了せずにはおかない超人的な境地などをあらわしているのでしょう。

『日本霊異記』には次のような記述があります。

「役行者は、葛城山から金峯山へ長い岩橋を架けようとした。そのため、近くの神々に使役を命じた。しかし、なかなか仕事がはかどらない。そこで問いただすと、葛城山を支配している一言主《ひとことぬし》という神が、自分の醜い顔を見られるのが嫌だから昼間は働かないと言う。それで仕事が滞っていたのだった。役行者は怒って、一言主神を葛で七縛りして深い谷に閉じ込めてしまった。」

神様を縛るというのですから驚きです。このあたりが役行者の面目躍如といった感じがします。

縛られた一言主神は逆恨みをして、「役行者が謀反《むほん》を起こそうとしている」と讒言した といいます。

これは、行者の呪術の力を誇示するための説話だと思います。宗教家としての役行者の名声が当時天下に鳴り響いていたことを表しているのではないでしょうか。

「鬼神を使って」というのは山の民を使ってということでしょう。これらは全くの伝説ではなく、何らかの基になる話があって語り継がれたのだと思われます。

◉神変大菩薩

平安時代に「行者」の尊称が贈られました。以来、役行者と呼ばれるようになったのです。

また、千百年忌にあたる寛政十一年（一七九九）、光格天皇より「神変大菩薩《じんべんだいぼさつ》」の尊号を賜わったのです。

人智では測りがたい神のような不思議な力のことを神変といいます。

菩薩とは仏の悟りの世界から人間界に降りてきて、人間の姿をして、人々と苦楽を共にしながら人々を救済する存在のことです。

古来より高僧多しといえども「神変大菩薩」というような大きな尊号を賜わったのは、役行者ただお一人です。

蔵王堂には、役行者像が何体かまつられています。また、本地堂にも一体まつられています。

私どもは、蔵王堂に役行者の「たましい」が鎮まっておられると、とらえています。

蔵王堂の堂内に静かに坐ってみてください。蔵王権現さまと役行者の無限のパワーを感じることでしょう。

役行者は、常に蔵王権現さまと共におわすのです。

修験道とは

◉修験道は「修行得験」「実修実験」の道

修験道は修行得験《しゅぎょうとっけん》、実修実験《じっしゅうじっけん》の道といわれます。古来、深山で修行し大自然の霊力を得て験力を修めた者を、修験者と呼びました。

大自然の気が満ちる深山幽谷《しんざんゆうこく》の中に身をおき、人間力を鍛えていくのが修行です。山谷を跋渉《ばっしょう》し、自らの心身《しんじん》を使って限界まで修行する、それによって様々な霊気や験力を得ていったのです。

験力を獲得した修験者は、護摩を焚き、雨乞いや病気平癒の加持祈禱などをはじめ、衆生の願いに応えて様々な活動を展開させました。

修験道は、もともとは自然や山岳に対する畏れや思いといった信仰風土の日本的な神信仰に仏教的行法が入って成立したのです。

さらには、道教や陰陽道《おんみょうどう》など様々な要素も吸収し、やがて庶民のなかで流布していた加持祈祷といったものが加わっていったのです。

◉修験道の生まれた背景

修験道は、古くから日本に伝わる山岳信仰に神道や仏教、道教、陰陽道などが混淆して成立した日本固有の民俗宗教といわれています。

国土の七割を山が占める日本では、古くから山を神霊の宿る聖地として大切にしてきました。

たとえば、最も古い神社として知られる三輪神社には本殿がありません。三輪山《みわやま》そのものがご神体ですから、境内にあるのは拝殿です。

春日大社のある春日山も聖なる山として、伐採が厳しく戒められ、そのために原始林の姿を今に伝えることができました。

古来より日本人は、山だけではなく岩や樹木も「神の依《よ》り代《しろ》」として崇めてきました。神道には八百万《やおよろず》の神々があるといわれます。太陽神である天照大神をはじめ、火の神、水の神、台所から厠《かわや》までいたるところに神さまがいると考えてきました。

身の回りのどこにも神さまがおられて、私たちは見守られているのです。つねに神さまに見られてもいるから、神さまに恥じることのない生き方をしようという生活規範にもなっていたのです。

そういった神道の国に六世紀頃、仏教が伝来しました。日本には、もともと八百万の神々がおわしたのですから、さらに新しい神が加わるというおおらかな宗教観を背景にして、ごく自然に仏教を取り入れたのでした。

仏のことを「蕃神《あだしくにのかみ》」「今来の神《いまきのかみ》」と呼んだことからも、それがうかがえます。仏さまであっても、神として受け入れたわけです。

そしてやがて、「神仏習合」「神仏和合」という考え方を編み出しました。

日本人にとっては、根っこのところで、神と仏は一体だったのです。

そうして、「仏が日本の神としてあらわれた」「神は仏の化身である」としたのです。これが権現というとらえかたです。

たとえば、伊勢神宮にまつられている天照大神は仏教の大日如来の日本風なお姿であると認識されました。

こうした神仏一体のありように加えて、中国の思想家である老子によって始められた道教や、安倍晴明《あべのせいめい》で知られる陰陽道《おんみょうどう》なども取り入れながら成立していったのが修験道なのです。

◉山に伏し、山に学び修行する

修験道を実践する者が、修験者や山伏と呼ばれます。

山伏というのは山に伏し、山に学び修行することから生まれた呼び名です。

山は偉大な学びの場です。山には心が震えるような美しさもあれば、命を脅かす危険もあります。限りない優しさと共に恐怖や厳しさもあります。

山に伏し、山に起き、自分の足だけを頼りに歩むと、人間の存在がいかに小さく、しかしいかに貴重であるかを知ることになります。

山では知恵と力がなくては生きていくことができません。人々は山に学びながら日常の暮らしにその知恵を生かしてきたのです。

神仏習合という考え方もこうした深い知恵から生まれました。

◉修験道は最も日本的な仏教

修験道は、日本独自なものです。最も日本的な仏教といえると思います。

豊かな大自然に育まれてきた日本人は、太陽を拝み、月を拝み、山を拝み、火を拝み、水を、風を、大地を、あらゆるものを拝みながら暮らしてきました。そういう宗教観が修験道の背景にあるのです。

また里にあっては、庶民の願いに応じて種々の加持祈禱に携わってきました。これも修験者の大きな役割のひとつでした。

修験道をひらいたのは先にも述べた通り、役行者です。修験道の開祖となります。

◉修験道の組織

役行者が修験道の開祖ではありますが、役行者ご自身が、修験道を組織化したのではありません。また、役行者の時代にまとまった形に定まったのではありません。

時代が下って、役行者の足跡を慕う多くの山林修行者が現れてきました。たとえば、弘法大師空海をはじめ、当山派修験の祖・理源大師聖宝《しょうぼう》、天台修験三井寺の開基となる智証大師円珍など、数多《あまた》の行者が金峯山や大峯山で修行しました。

それらの山林修行者たちは、徐々に修行法や所作をかたち作り、儀礼や教義をもった宗教として集団を組織化していきました。

やがて、二つの流れが成立していきました。本山派《ほんざんは》と当山派《とうざんは》です。この両派が近世には全国の修験道を統括し、主流となります。

本山派	天台密教や法華思想を教義的基盤とする。熊野修験を拠点に、滋賀の三井寺《みいでら》や京都の聖護院《しょうごいん》が中心。
当山派	理源大師聖宝《りげんだいししょうぼう》を祖に、真言密教を教義的基盤とする。南都の興福寺などを中心に組織され、のちに京都の醍醐寺・三宝院の傘下にまとめられる。

吉野金峯山は、どちらにも属してはおりません。

本山派当山派の両派をはじめ全国の山伏たちがともに修行に集う根本聖地として、修験道の発展を支えてきたのでした。

◉日本の修験道の各派

全国には霊山を拠点とする修験の流れもあります。主なものを挙げます。犬鳴山《いぬなきさん》修験道　葛城《かつらぎ》修験、五流《ごりゅう》修験、羽黒《はぐろ》修験（出羽三山）、日光《にっこう》修験、英彦山《ひこさん》、石鎚《いしづち》山《さん》、三徳山《みとくさん》、富士修験、白山《はくさん》修験、戸隠《とがくし》修験などです。

◉修験道の代表的な修行の場

修験にとっては全国の山が修行の場ですが、中心的霊場は発祥の地ともいうべき奈良・大峯山系です。

吉野大峯こそが一番の聖地といえます。

もうひとつの拠点は、役行者が生まれた葛城山です。この葛城山と、熊野も含めた大峯山系全体が修験道の主要な霊場となりました。葛城山は「顕教（法華）の峰」、吉野大峯は「密教（金胎両部《こんたいりょうぶ》）の峰」と並び称されました。

◉修験道は、吉野大峯から全国に弘まっていった

吉野大峯で発達した行法——西の覗《のぞ》きとか鐘掛《かねかけ》という有名な行場名が、全国の霊山にも伝播していきました。

蔵王権現さま自体も、各地の霊場に勧請《かんじょう》されて弘まっていったのです。

たとえば山形県の蔵王は、古くからの山岳信仰の対象であり、平安時代中頃には両部神道を唱える修験者が修行するようになりました。

そして吉野修験から蔵王権現さまを勧請して、蔵王山頂にある刈田岳《かったたけ》神社と、麓《ふもと》の刈《かっ》田嶺《たみね》神社に併置したところから「蔵王」という呼び名になったのです。

このように、修験者らが全国の霊山へ、吉野大峯や蔵王権現さまの信仰を伝播させていったのです。そのような事例は山梨・長野の両県にまたがる金峰山や、熊本の金峰山など、全国に点在しています。

◉それぞれの派の修行者は蔵王堂に参拝される

吉野大峯は修験道発祥の聖地ともいえる所です。吉野大峯がすべての修験道の基となっているのです。

ですから、多くの修験者は一年に一度、ここ吉野山に来山します。

役行者の「たましい」のおわす蔵王堂に参拝して、役行者に感謝の誠を捧げるのです。

入峯修行とは

◉修験道で最も大切なこと

修験道で大切なことは、「実修実験」です。修行を実践することで「験《しる》し」を体得することです。

その実践のために山伏は、深山幽谷の山に分け入る「入峯修行」を行います。

大峯山では、役行者による蔵王権現さま感得の聖地・山上ヶ岳（山上本堂）へ登拝修行する「山上参り」と呼ばれる修行と、吉野から熊野まで（あるいは熊野から吉野まで）の大峯山脈を修行する「大峯奥駈修行」が有名です。

山はわたしたちにとって神仏のおわす世界です。いわば大自然そのものが御本尊といえます。

山に入って神仏に抱かれて歩く、跋渉して修行をすることによって身《しん》・口《く》・意《い》三業《さんごう》の穢《けが》れを払い、生まれかわった清浄な心身となって山を出るのが入峯修行なのです。

山に入ることは大自然、そして御本尊と一体となることです。一体となることで、身・口・意三業の穢れを払い、自身の罪障を消し去るのです。

入峯修行は、毎年、同じ山に入り、同じ道を通って登ります。初めての山ではどうしても景色にとらわれますが、十回、二十回と同じ道を登っていますと、道はすべて頭に入っていますから、周囲の景色を見ながらも自然に気持ちが統一されてきます。いわゆる「歩く禅」の境地を体得できるのです。そこに入峯修行の極意があります。山中の草木すべてのものは、自分をことさら主張することなく、他と較べることもなく、それぞれの時季がくれば花を咲かせ、それぞれの命をまっとうしています。何度も同じ道を入峯修行している中に、いろいろなことが見えてくるのです。気づかされるのです。「人生どうあるべきか」ということも、自分なりに自得されていきます。

入峯修行では、修行者は声を合わせて「懺悔《さんげ》　懺悔《さんげ》　六根清浄《ろっこんしょうじょう》」と唱えながら山を歩きます。身をもって懺悔し、自己を見つめ、心身を清浄にすることが、もっとも大切なことなのです。

仏典には「ただ懺悔の力のみ、よく積罪を滅す」と示されています。「あらたむるにおそきことなし」ですが、「二度と行うまい」と、仏の前に頭を垂れなければならないことのいかに多いことでしょうか。まことに懺悔懺悔の毎日です。懺悔こそが宗教心の基本です。罪悪深重のおのれに目覚めることこそが、慈悲の心をつちかい、広く人々の幸せを願う生き方になるのです。

◉奥駈修行

奥駈修行は入峯修行のひとつで、修験道最奥の修行とされています。

大峯山は、吉野川柳の渡しから熊野の音無川《おとなしがわ》（本宮大社の畔）に至る連なった山脈の総称です。

その峯中には、七十五の行所（礼拝所・修行場）があります。

そこは「靡《なびき》」と呼ばれる聖なる場所であり、修験者はここにおいて祈りを捧げながら修行をしていくのです。

約百七十キロの大峯山脈の稜線を駈けるのです。山伏はまさに山中に寝起きしながら、大自然たる御本尊に抱かれて、「即今只今《そっこんただいま》」を修行するのです。まさにいまここに生きている、この瞬間に生きている自分のありようを実感するのです。

峰中は平坦な道はほとんどありません。一歩を踏み違えると滑落するような危険な場所が多く、命がけの修行でもあります。

大峯峯中に奥深く分け入る奥駈修行は入峯修行の最たるもの、修験道最奥とよばれるにふさわしい修行といえるでしょう。

◉大峯奥駈道

第一番目の吉野川「柳の渡し」から始まり、第七十五番目の「熊野音無川」で結願と

大峯奥駈修行

なります。

　峰中には山上ケ岳、大普賢岳、行者還《ぎょうじゃがえり》岳《だけ》、弥山《みせん》、八経ケ岳《はっきょうがたけ》、仏生岳《ぶっしょうだけ》、孔雀岳、釈迦ケ岳、大日岳、行仙岳、笠捨山《かさすてやま》、玉置山《たまきさん》など一〇〇〇メートルから一九〇〇メートルまでの高い峰が連なり、山岳の曼荼羅世界を作り上げています。

　諸仏諸菩薩のまします御山としての神々しい雰囲気につつまれ、高低に羅列《られつ》している様は、まさに浄土のような世界です。

　この山脈は吉野熊野国立公園の中枢部にあたり、縦走では山岳美、岩石美、森林美の粋をパノラマのように見せてくれます。

２００4年には吉野の山一帯を含む「紀伊山地の霊場と参詣道」がユネスコ世界文化遺産として登録されました

奥駈道は幸いにして、今もなお大峯曼荼羅としての独特の風格を失ってはいません。この大峯の環境と雰囲気を大切にすることは、修験道の伝統を守ることでもあります。古来、山自体が曼荼羅として尊崇されてきた霊山に入り、山の霊気を全身に浴びて、大自然の中に心を遊ばせる。それは、身心共に疲弊している現代の人々にとって、精神の健康を保つ上からも実に大切なことだと思います。

第三章　吉野と金峯山

金峯山寺の歴史

◉開山は役行者

金峯山寺は役行者が開山せられたお寺です。

役行者開基と伝えられるお寺は全国に数多くありますが、この金峯山寺蔵王堂は、正真正銘の役行者開基のお寺なのです。

千三百有余年前、役行者は山上ヶ岳の頂上において、衆生済度の御本尊として、蔵王権現さまを感得されました。役行者の蔵王権現さまの感得は、修験道という信仰の発祥をなすもので、金峯山寺蔵王堂こそ「修験道発祥の聖地」といえましょう。

役行者は、そのお姿を桜の木に彫刻して、金峯山の山上と山下に蔵王堂をつくっておまつりされました。

かつては、山上と山下の蔵王堂を本堂とする金峯山一帯を金峯山寺と称していました。ところが明治維新の神仏分離・修験道禁止の法難に遭い、信仰は同じくしながら、姿を変えて復興しました。

山上《さんじょう》の蔵王堂は、現在大峯山寺《おおみねさんじ》と称しています。山下《さんげ》の蔵王堂が、金峯山寺蔵王堂です。

◉為政者から一般庶民まで広く信仰をあつめる

役行者が金峯山を開山されてより、国を司《つかさど》る為政者から一般庶民まで広く信仰をあつめるようになりました。

天智、天武、嵯峨、仁明、文徳、清和、陽成、宇多、醍醐、一条、白河等の十九代の天皇、上皇方が参詣し祈願されておられます。こうして皇室、高位高官の方達、さらに各宗の高徳の賢師が熱烈に信奉されたのが金峯山であり、蔵王権現さまでした。

天武天皇	御劔《みつるぎ》並びに御護《おまもり》等を華開敷王如来《けかいしきおうにょらい》の嶺に奉納
嵯峨天皇	『法華経』を普賢菩薩の嶺に奉納
宇多天皇	『華厳経』等、除一切愛冥菩薩《じょいっさいあいみょうぼさつ》の嶺に奉納。山上に黄金仏を奉納。五百町の水田を寄附

昔は山頂一帯が金峯山経塚《きょうづか》でしたから、それぞれの場所に仏・如来・菩薩を勧請《かんじょう》して埋納されています。

古来より、金峯山は天皇をはじめ栄華を尽くした平安貴族たちが、遠路はるばる険しい山をめざすほどに霊験あらたかな山だったのです。

王朝文学の代表作である『蜻蛉日記《かげろうにっき》』『枕草子』『源氏物語』などにも御嶽詣《みたけもうで》や御嶽精進《みたけそうじ》のことが書かれています。

御嶽精進とは、山上ケ岳に登る前に行う精進潔斎のことです。参詣するためには、短くても三七日、長ければ五十日、百日の間、世俗を離れ、酒肉五辛を絶つのです。その間には、ひたすら勤行三昧と厳しい潔斎を経てやっと御嶽詣が許されるのです。それだけ金峯山は、神聖な山だったということがうかがえます。

有名なのは、藤原道長《ふじわらみちなが》の御嶽詣です。栄華を極めた道長の御嶽詣は、『栄華物語《えいがものがたり》』などに詳しく書かれています。

道長は最初三十三歳の時に御嶽詣を思い立ち、精進と写経を行いますが、病気をしたり犬の死骸を見て穢《けが》れに触れたりして、参詣が叶いませんでした。ようやく道長が念願の御嶽詣を実現できたのは四十二歳の時でした。

出立から京都へ戻るまで半月ほどかかっています。道長の御嶽詣は表向きは厄除けでしたが、子孫繁栄を最も願ったのだといわれています。この時、左大臣だった道長は娘の彰《しょう》子《し》を一条天皇に入内させていました。しかし、彰子はまだ皇子に恵まれていませんでした。天皇の外戚となって権力を得る摂関家にとって、世継ぎの有無が政治生命そのものです。道長は表向きには厄除けといいながら、本心は彰子の受胎をこそ願ったのでしょう。そして、その願いは叶えられるのです。

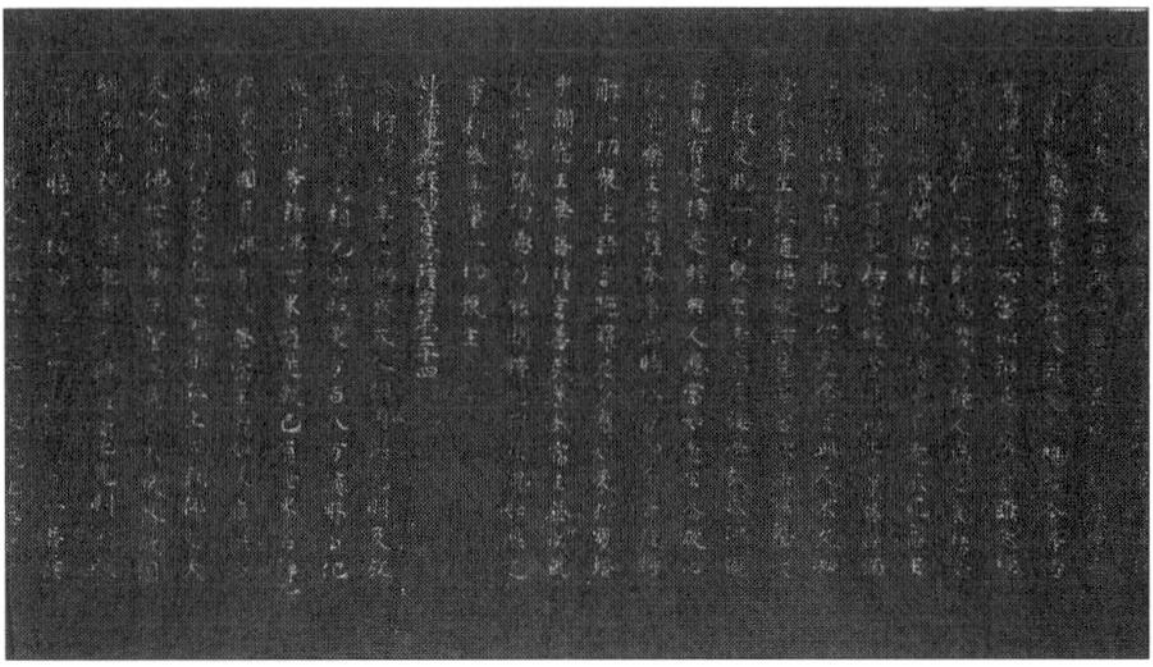

国宝 紺紙金字法華経残欠（平安時代）金峯山寺蔵

道長が御嶽詣から帰ったその年のうちに中宮《ちゅうぐう》彰子《しょうし》は懐妊し、翌年には待望の皇子が生まれたのです。これを「御嶽の御しるしぞや」として喜んだと『栄華物語』にも書かれています。この皇子が後一条天皇に即位され、道長は外戚として栄華を極めるのです。

道長は御嶽詣の折、弥勒信仰に基づいて山上ケ岳に埋経しています。金峯山経塚は経塚の最古の例で、道長が埋納した写経や経筒（国宝）も発見されて現存しています。

国宝 藤原道長経筒（平安時代）金峯神社蔵

◉源義経も吉野に潜居していた

文治元年（一一八五）、源《みなもとの》義経《よしつね》は兄頼朝《よりとも》の追手を逃れて、静御前《しずかごぜん》や弁慶・佐藤忠信らわずかな手勢とともに吉野に潜居《せんきょ》しました。

静御前は懐妊しており、険しい山越えの道中はたいへんなものでした。義経は静御前を京に返すことにし、数人の家来をつけて山を下らせたのです。

義経は、別れ際に小鏡を静に手渡し、「これを朝晩わたしと思ってながめるように」と言い聞かせると、静は涙に暮れながら吉野山を下ります。けれども山中で、頼朝の追っ手に捕らえられてしまいます。やがて義経にも追っ手が迫り、ニセ山伏の姿になって、藤原《ふじわら》秀衡《ひでひら》を頼って奥州へ落ち延びてゆきます。

この義経の都落ちや吉野の潜行、そして平泉への道行きは、後に浄瑠璃や歌舞伎で「義《よし》経《つね》千本桜《せんぼんざくら》」「勧進帳《かんじんちょう》」として演じられるようになりました。

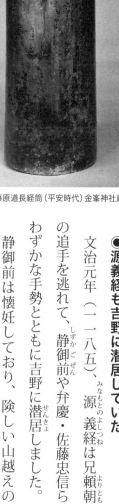

◉後醍醐天皇と吉野について

延元元年（一三三六）、足利幕府から追われた後醍醐天皇《ごだいごてんのう》は吉水院《よしみずいん》の宗信法印の力添えで、吉野山へ迎えられました。

金峯山寺西側に実城寺を改めた金輪王寺を皇居として南朝を立て、ここに五十六年間に及ぶ南北朝時代が始まることになったのです。

また、先んずる元弘三年（一三三三）一月十六日、後醍醐天皇の皇子であった大塔宮《だいとうのみや》護良《もりなが》親王は鎌倉幕府軍と対決するため、吉野で挙兵し、蔵王堂に立て籠もります。

やがて、敵に攻められてついに最後の時を迎えようとします。討ち死に覚悟を決めた大塔宮は、蔵王堂の広い庭で最期の酒宴を催したのです。蔵王堂の境内の四本桜の場所に、史跡としてその石碑が建てられています。

◉多くの僧侶も参詣し修行した

役行者の足跡を慕い、多くの修行者や僧侶が金峯山を訪れます。

弘法大師空海をはじめ、真言密教の理源大師聖宝《しょうぼう》や天台密教の智証大師円珍《ちしょうだいしえんちん》、三井寺の行尊《ぎょうそん》、北嶺《ほくれい》の相応《そうおう》和尚など、多くの僧侶、修行者が役行者を尊敬し、大峯・葛城・熊野三山を跋渉して山岳修行を実践しました。

◉蔵王信仰は全国に広がっていった

金峯山信仰はすなわち蔵王信仰ですが、千年の昔、蔵王信仰が日本全土を席巻《せっけん》した感がありました。

現在でも、蔵王や金峯、大峯の名を冠する山や土地が全国的に見られるのはその名残りです。当時、ただ単に「御嶽《みたけ》」と言えば、それは金峯山を意味したという一事をもってしても、当時の蔵王信仰の隆盛が偲ばれるのです。

◉金峯山寺の隆盛の頃の規模

金峯山とは、吉野山麓にある柳の渡しから、吉野山、青根ケ峯、大天井岳、そして山上ケ岳を経て、化粧《けわい》の宿《しゅく》に及ぶ一連の山並みの総称です。

標高一七一九メートルの山頂を「山上《さんじょう》」と呼んだのに対し、山麓吉野山を「山下《さんげ》」と称し、山上山下ともに、修験の本尊である金剛蔵王権現さまをまつる本堂が建立されました。

この「山上、山下の蔵王堂」を中心に、山下に百数十坊、山上に三十六坊の堂社が建立されて、文字通り一大宗教的霊域となりました。

明治の初年の時点でも、五十以上もの塔頭（支院）があり、修験信仰の一大拠点でもありました。

◉金峯山寺の再建と迫害

幾たびもの火災や戦禍に遭遇しながら、再建復興が成されてきました。そのことは、多くの人々の信仰を集めていたからにほかなりません。

天正二十年（一五九二）に、今の蔵王堂が再建されました。

有名な太閤秀吉による吉野の花見は、蔵王堂の再建の二年後、文禄三年（一五九四）です。秀吉は、内陣二本の金箔張り化粧柱や須弥壇《しゅみだん》を寄進しています。

徳川幕府の時代になると、豊臣家ゆかりの寺としてさまざまな圧力がかけられました。江戸幕府は、慶長十八年（一六一三）に「修験道法度《はっと》」を定めます。

それによって、全国の修験者を天台寺門宗の三井寺・聖護院を本寺とする本山派と、真言宗の醍醐寺三宝院を本寺として仰いだ当山正大先達衆を中核とする当山派のいずれかに所属させました。

ここ吉野へは、天台宗の天海僧正が派遣され、輪王寺門跡《りんのうじもんぜき》による支配となりました（天海僧正が金峯山寺初代管領）。

さらに幕府は山伏や宗徒への特権を奪い、妻帯さえも禁じました。これは昔から血族で結びついてきた集団の力を削《そ》ぐのが目的だったのです。

◉明治の廃仏毀釈《はいぶつきしゃく》

明治維新政府は、古来、信仰されてきた神仏習合の風を打破し、神社と仏寺を分離する政策を強行しました。修験道は神仏和合の道を歩んでいましたので、この神仏分離令は多大な被害を被ることになりました。

明治元（一八六八）年六月、神仏判然令《しんぶつはんぜんれい》のもと、金峯山寺に対して、「蔵王権現を神号に改め、僧侶は復飾神勤《ふくしょくしんきん》せよ」という厳しい通達がありました。

「蔵王権現さまを神に改め、僧侶は神職になるか、僧侶をやめて還俗せよ」というのです。

さらには、明治四年には、社寺の境内以外の朱印地や除地《じょち》が上知《じょうち》（政府に上納すること）されることとなります。

金峯山寺は、広大な造営山や靡《なびき》の左右の土地等の所有権を失ってしまいました。その結果、寺は経済的に壊滅的な打撃を受けたのです。

◉修験道は廃止　権現信仰も禁止

さらに明治五年（一八七三）に「修験道廃止令」が発令されました。文字通り、修験道が廃止されたのです。そうして、権現信仰が禁止となったのです。

それによって、役行者以来、千二百年にわたって山上と山下に営まれた両本堂の蔵王堂をはじめ、すべての寺院は廃寺を迫られました。

権現信仰の禁止は修験寺の禁止ということです。

「修験の寺は、神社となるか、檀家寺かどちらかにせよ」と選択を迫られて、修験寺そのものが吉野からはなくなってしまう、という事態に陥ったのです。

明治六年には、金峯山寺に対し、「白鳳以前に復古し、金精明神《こんしょうみょうじん》をもって本社とし、金ノ峯ノ神社と称し、蔵王堂ならびに仏具、仏体等をみな取り除くように」と指令がありました。

明治七年には、奈良県から金峯山寺に対し、「吉野山蔵王堂を金峯神社口ノ宮、山上蔵王堂を同じく奥ノ宮とするべきこと」を通達してきたのです。

この時、威容を誇った吉野の奥千本にあった安禅寺の蔵王堂さえもが解体されてしまいました。幸い御本尊さまだけは、山下本堂の戒壇堂に移されて破損からまぬがれましたが、他の修験寺はほとんどが根絶やしにされてしまったのです。その御本尊さまは、いまは客仏《きゃくぶつ》として蔵王堂に安置されています。

こうして、一千年以上におよぶ金峯山寺の歴史が中絶させられたのでした。

◉吉野のほとんどの修験の寺は消滅してしまった

吉野では、明治十二年に東南院、十三年に竹林院と桜本坊、十九年に山下蔵王堂に金峯山寺の寺号が戻り、二十一年に喜蔵院が仏寺に復興しました。吉水院は吉水神社となりました。けれども、それ以降は修験寺の復興は認められずに全部潰れてしまったのです。

吉野にはかつては、山下に百数十坊、山上に三十六坊の堂社があり、明治の初年でも、五〇以上もの塔頭（支院）があって修験道の一大拠点でした。が、この時に吉野のほとんどの修験の寺は消滅してしまったのです。

しかしながら、廃寺の間も人々のお参りは続けられました。人々は、蔵王権現さまに参拝していました。

明治六年「蔵王堂ならびに仏具、仏体等をみな取り除くように」との指令がありました。ところが、山下の本堂は御本尊の蔵王権現さまは大きすぎて外に出すことはできません。そのため、蔵王権現さまの御前に巨大な鏡を置いて、神としておまつりしたのです。かたや山上の本堂のほうは本堂前の通称お花畑と呼ばれる広場に新堂を建てて、本堂の仏像を全部移しました。そして、この新堂の管理を檀家寺の吉野山区の善福寺と、洞川区の龍泉寺が担ったのです。檀家寺は明治以降も存続していったのです。

このことが元で、山上本堂は後に大峯山寺という寺号をもち、現在に至ったのです。

◉職を失った山伏は、なんと約十七、八万人

明治以前には、たとえば聖護院の末寺は全国に二万余ケ寺もありました。

また、かつては行人方《ぎょうにんがた》といった高野聖《こうやひじり》をはじめ熊野三山の熊野比丘、熊野聖《くまのひじり》、念仏聖《ねんぶつひじり》、御師《おし》など修験的な活動に従事していた人々の活動は多様でした。

主に加持祈禱をなりわいとした山伏、死者儀礼に関わっていた山伏、神社についていた山伏、神楽や延年の舞をやるような山伏もいて、全国には膨大な数の山伏がいたのです。

けれども、この明治初期の修験道廃止により職を失った山伏は、なんと十七万から十八万人もの数にのぼったのです。

蔵王堂

◉蔵王堂について

吉野山の町並みの中に堂々たる姿で立つのが国宝の蔵王堂です。威容と優雅、重厚と軽快が見事に調和した建物です。

蔵王堂は千三百有余年前、山岳宗教の開祖と仰がれる役行者によって、修験道の本尊・金剛蔵王大権現をおまつりする山岳宗教の根本道場として建てられました。

蔵王堂は、金峯山寺の本堂であり、修験道の根本道場です。

その規模は、高さ三四メートル、四方三六メートルです。単層裳階付《たんそうもこしつき》、檜皮葺《ひわだぶき》です。出雲大社や東大寺大仏殿とともに、国宝建造物として日本三大建築と称されています。

修験道が盛んになるにつれて、蔵王堂を中心として百数十もの堂塔《どうとう》伽藍《がらん》や塔頭《たっちゅう》寺院が建てられました。全国からたくさんの修行者が集まることとなり、次第に大きな宗数的勢力を形成してゆくこととなったのです。

そのような勢力がこの山にあったからこそ、その力を頼って、源義経や弁慶、後醍醐天皇もまた、吉野山を目指されたのでした。

この山に、もし蔵王堂がなければ、吉野山はただの山にすぎなかったでしょう。だから蔵王堂は、山岳宗教のシンボルであるとともに、吉野山のシンボルでもあるといえましょう。

蔵王堂は近くで見ると、荒削りで簡素ではありますが、雄大で、古武士の如き風格が感じられます。

ところが、遠くから見ると、実に優美なのです。屋根の反《そ》りが鋭く切れ上がって、まるで鳳《おおとり》が羽根を広げているような観があります。桜の頃、上の千本の見晴らし台から眺めると、花の雲の中の蔵王堂は、全山の桜の精のように優雅です。

この蔵王堂は、単に一宗一派や一寺院の所有物ではありません。ユネスコの世界遺産にも登録され、日本民族の大切な文化遺産なのです。

大勢の人々との関わりを新たにしながら、まだまだ千年も二千年も、豪放で優雅な姿

金峯山寺本堂　蔵王堂（国宝）

を伝え続けてほしいと願わずにはおれません。

◉堂内の荘厳さ

威風堂々とした蔵王堂の外観の美しさは、見る人を圧倒しますが、堂内の雰囲気も独特なものがあります。

堂内には高い天井を支えて六十八本もの柱が林立しています。その材は杉、檜《ひのき》、松、欅《けやき》、ツツジ、梨など多種多様の巨木です。ツツジや梨などの巨木は大変珍しく注目を集めています。当時としては、一刻も早く、手に入る材木で何とか再建しようとした結果なのでしょう。

最も太い柱は外陣の「神代杉《じんだいすぎ》の柱」で、周囲が三・九メートルあります。

それぞれの柱は太さが違い、歪んだままのものもそのまま使われています。自然のままの元の姿が生かされていて、かえって深い山中にいるような森厳な雰囲気を醸していま す。いかにも修験道の根本道場らしい雰囲気を讃えています。

◉堂内にある仏像

蔵王堂の中には、秘仏本尊である三体の蔵王権現さまがまつられています。

さらには、高さが四・五九メートルもある松材寄木造りの蔵王権現像が客仏《きゃくぶつ》として安置されています。

客仏というのは、この堂内にまつられるために造られたものではなく、諸事情によって本来の場所ではないところに納められている仏像のことです。

秘仏本尊に次ぐ大きな客仏の蔵王権現は、かつて奥千本にあった安禅寺蔵王堂の御本尊でしたが、明治の廃仏毀釈で寺が壊されたため、ここに移されたのです。

また、聖徳太子孝養像や脇侍とも伝えられる普建、普成の像二体があります。いずれも重要文化財の指定を受けた見事な像で、もともとは経堂に納められていたようです。精悍な風貌が鎌倉時代らしい雰囲気を伝えています。

ほかにも世尊寺の本尊であった釈迦如来像、役行者と前鬼、後鬼像、南北朝時代の作という躍動感溢れる姿で立つ二天像、峰の薬師堂から移された薬師三尊像などが安置されています。その他の寺宝としては、重要文化財の渡海船大絵馬《とかいせんおおえま》や金銅装笈《こんどうそうおい》、小野道風《おののとうふう》書という「大峯山上等覚門《おおみねさんじょうとうがくもん》の扁額《へんがく》」といった貴重な資料が寺宝として展示されています。

金峯山寺の法要

◉法要の心

法要の心とは、一言でいうと懺悔と感謝の心です。

懺悔とは、自らの愚かさに気がついて、心から反省することをいいます。

金峯山寺では、花供懺法会など懺悔滅罪を祈願する法要が多いのですが、修行の時にも懺悔滅罪を重要なこととしています。

入峯修行では、修行者は声を合わせて「懺悔《さんげ》、懺悔《さんげ》・六根清浄《ろっこんしょうじょう》」と唱えながら山を歩きます。身をもって懺悔し、自己を見つめ、心身を清浄にすることこそ、よりよく生きるための第一歩だと思います。

感謝とは、いま生かされている日々に感謝することです。

私たちが生きている日々というものは、とてつもなく貴重なことです。二度と訪れることのない、かけがえのない瞬間なのです。

ついつい私たちは眼が見える、歩ける、物が食べられる、話ができる——「そんなことはあたりまえ」と思い、不満と不安だらけの生き方をしてしまいます。

しかし、自分がこうして暮らしていけるのは、さまざまな人たちの支えがあるからです。毎日、ご先祖、縁のある人たちに感謝の心をもつこと、現状への感謝の心をもつことが、とても大切なことです。

懺悔と感謝の心によって、どんな逆境にあっても、道が開かれていくのです。

◉蔵王堂での毎日の法要

毎日、蔵王権現さまの御前にて、休むことなく行われている法要は、朝夕の勤行と、とも祈り長日祈願護摩供です。

◉朝夕の勤行

本堂にて、朝夕、一山の僧侶が揃って行われるものです。金峯山寺勤行式に沿って、読経が行われます。一般の方でも自由に参加できます。

蔵王堂の厳粛な雰囲気の中で、朗々とお経を読み心から深く祈願することは、またとない体験となりますので、どうぞ参列下さい。

時間は、朝の六時半、夕方の四時半から。

◉とも祈り長日祈願護摩供

蔵王堂内において、毎日正午から採灯式壇護摩供が修法されます。

本山僧侶が順番に勤める本山挙げての修行です。一般の方の特別祈願、添え護摩木を受け付けております。

法要や行事などが行われる時は時間を変更しますが、中止することはありません。

何か一つできることを続ける。その一つが、「とも祈り長日祈願護摩供修行」なのです。『大無量寿経』という経典の中に「たとい身はもろもろの苦毒の中に止まるとも、我が行は精進して、忍んでついに悔いじ」という一節があります。この「忍んでついに悔いじ」の思いを込めた修行なのです。

◉護摩《ごま》

護摩とは、もともと古代インド語の〝ホーマ〟という言葉を音写したもので、「焼く」という意味があります。供物を清浄な火に投じて焼くことで、天に捧げる儀式です。

インドではこのホーマの儀式は、紀元前千五百年以上も前から行われてきました。これが密教に取り入れられて、仏教の高度な教えと修験の行法に結びつき、修験最勝の秘法採灯護摩供となったのです。

◉採灯大護摩供《さいとうだいごまく》

修験道に伝わる野外における護摩祈祷方法です。屋外に笹と荒縄、御幣《ごへい》などを用いて結界場をつくり、その中央に丸太の積木を井桁状に組み上げ、常緑樹でそれを被った「護摩壇」を構え、山伏が修法する護摩のことです。

◉護摩の修法の心得

護摩供を修する行者の心得は、「信」と「行」と「徳」にあります。

信とは信心決定《しんじんけつじょう》していることです。たとい決定していなくても、そのために真摯な努力や精進をたゆみなく続けていることです。

信心というのは「誠の心」であり、本尊（ほとけ）と自分とが一体になっていることです。行者にそうした心得があれば、本尊・行者・信者の三者が一体となり、加持相応《かじそうおう》して、功徳験力が発動するのです。

◉護摩の功徳

護摩は、供物を火中に投じて供養し、願望の成就を祈願する秘法ですが、これは「外《げ》護摩《ごま》」と呼びます。

それに対して蔵王権現さまの智慧の火により、自己の煩悩（この場合は護摩木や油、五穀などの供物が象徴する）を焼くと観念して拝むことを、心の中で修するので「内護摩《ないごま》」と呼びます。

例えばこの「外護摩」と「内護摩」を繰り返していくことで、心が浄化されていきます。そして次第に、本来、自分の心にある菩提心（仏さまと同じ悟りの心）が開かれるのです。

私たちが日常生活を営むうえで沢山のゴミやホコリが出ますが、これを家の中に溜めておいては不潔ですし、ときには病気になってしまいます。

それと同様に、心の中にも知らず知らずのうちにゴミが溜まるものです。

そのゴミとは、憎しみ、貪り、不安、愚かさ等です。

これが積もり積もって大きなゴミになると、それに応じた境遇、病気や事故などさまざまな災いを引き寄せてしまいます。

ですから、たえずゴミやホコリをはらって清らかにしなければなりません。

護摩の秘法により、心の中を清めることで不幸を除き、幸いを招くのです。

ゴミが溜まれば掃除が何度でも必要なように、より多く参拝して、心の掃除にいそしみください。

◉蔵王堂における修法について

毎月、次のような修法が行われています。どなたでも参加することができます。

ともに祈り、ともに唱和し、ともに護摩のエネルギーをいただきましょう。

本尊供の日（毎月七日）	六月七日は役行者さまが昇天された日。それにちなんで、毎月七日を蔵王権現さまの本尊供養の日としている。蔵王堂において和讃と『法華懺法《ほっけせんぽう》』が行われる。
本地堂供養会《ほんぢどうくようえ》（毎月第一日曜日）	本地堂で『法華懺法』の読誦《どくじゅ》を行う。三月、六月、九月、十二月の第一日曜日には、得度式が催される。その日が七日にあたると、本尊供が行われ、その後に、得度式が行われる。
お護摩の会（毎月二十八日）	管長猊下《かんちょうげいか》によって護摩が修法される。護摩もまた法の燈《ともしび》でなければならない。内外の護摩を行い、法の燈火をともすために、行っている。参詣者一人ひとりに聖杖加持《せいじょうかじ》を行う。護摩のあとで法話。

金峯山寺の伝統行事

修正会《しゅしょうえ》（一月一日・二日・三日）

正月に修する法会なので、修正会《しゅしょうえ》といいます。新年を迎え、心も新たに法華懺法を読経し、天下泰平、万民安楽、そして初詣の方々の除災招福《じょさいしょうふく》を祈願します。新しい年を迎えた希望と華やぎに包まれた法会です。

節分会「鬼火の祭典」（立春の前日・節分の日）

金峯山寺の三大行事の一つです。

役行者は、夫婦の鬼を懲《こ》らしめて弟子にしたという伝説があります。役行者像の両脇には、つねに前鬼、後鬼が控えていました。

そのようなことから当山では、「福は内、鬼も内」という掛け声で節分の豆を撒きます。

法要は蔵王堂で行われ、法要が終わると鬼の調伏式があります。全国から追われた鬼を迎え入れ、蔵王権現の功徳と法力によって鬼たちを仏道へと導いていきます。

修験道のありようは、異質なもの、邪悪なものを追い出さず、敵対するものすら教化して迎え入れていくのです。

聖仏舎利宝殿彼岸会（春と秋）

春と秋の彼岸の時季に、七日間にわたって聖仏舎利宝殿において彼岸会が営まれ、回向法要が行われます。

彼岸会とは、元来、好季のこの七日間にいっそう仏道修行に精進し、悟りの世界に近づこうと定められた法要です。一般には、先祖や近親者の故人の供養が行われ、お盆と同様に、心温まる行事となっています。

昭和三十年（一九五八）に後醍醐天皇をはじめ、南朝の諸天皇の霊をまつるために南朝妙法殿が建立されました。次いで、昭和四十二年十一月、インドのガンジー首相から仏舎利の贈呈を受け、昭和四十九年に、南朝妙法殿に隣接して聖仏舎利宝殿が建立されたのです。

花供懺法会《はなくせんぽうえ》（四月十一、十二日）

元々は修二会《しゅにえ》であった行事ですが、今は吉野の桜の開花を蔵王権現さまにご報告する行事として行われています。金峯山寺の三大行事の一つです。

毎年、満開の桜の中で行われます。

懺法会とは、人間の罪を諸仏の前に懺悔する法要という意味があります。

十万石の格式にふさわしい奴行列を先頭に、一山の僧侶、稚児、山伏、信徒たちが行列を整えて、上千本の竹林院から蔵王堂までを練り歩きます。

絢爛として咲き誇る桜の中を歩く行列は、さながら古式ゆかしい時代絵巻のようです。

蔵王堂では法要を営み、大護摩供が厳修され、「千本づき」でついた餅が参詣者に撒かれます。「千本づき」とは、多くの人が群がりつくところからの呼び名です。

平安時代、後白河天皇の后が病気になりましたが、いかなる薬も効きませんでした。ところが、金峯山寺の高僧として知られていた高算上人が祈禱すると全快したのです。お礼として花供懺法会にかかる費用の一助として、諸国から一畝一穂の寄進が受けられるという勅許をいただきました。

寺衆が地方へ出向いていって、辻に立って「花供懺法」と唱えると、村の人たちがお米を持って集まったといいます。こうして集まった米を、桜の木で作った杵を用いて多くの参詣者でついたわけです。

二十四石もの餅をつき、堂前で撒くほか、難民へも施し、吉野中の家々にも配ったといいます。これが古くから吉野の餅配りと呼ばれていたものです。

花供千本づきは、いまも毎年四月十日に蔵王堂の庭前で行われています。

観音堂大祭（四月十八日）

蔵王堂境内の観音堂には、十一面観音菩薩をおまつりしています。四月の観音さまのご縁日である十八日が年次大祭です。

地元の観音講の方々や有縁の信徒がお参りされます。『大般若経』転読法要では本山の僧侶が総出仕し、本尊法楽と参詣者の所願成就を祈念します。

高祖会大法要（六月七日）

六月七日は役行者さまの御縁日。この日に、役行者は昇天されたといわれています。役行者の「たましい」は修験道の根本道場である蔵王堂につねにおわします。それ故、一年に一度、蔵王堂に参集して、役行者に感謝の誠を捧げ報恩供養する儀式を行い、在家僧侶たちを中心とする教信徒千衣法要《きょうしんとせんねほうよう》が営まれるのです。

半夏生大般若転読法要《はげっしょうだいはんにゃてんどくほうよう》（七月二日）

七月二日は暦の上では、半夏生といって、草木の毒気難病を払い、殺生・不浄を忌む日とされています。

この日に蔵王堂では『大般若経』六百巻の転読法要が行われます。本山の僧侶が総出仕し、本尊法楽と参拝者の祈願成就が祈念されます。

転読とは経題と巻名のみ唱えて経本を繰り、一巻読み終わるごとに机にたたきつけるのです。広い堂内に響き渡る僧の大きな声と力強い経本を叩きつける音は、仏弟子のひたむきな求道の姿であり、除災招福を祈る姿を示します。

蓮華会・蛙飛び行事・蓮華入峯（七月七日）

役行者さま御生誕の地にある弁天池（大和高田市奥田区）の蓮華を金峯山の諸神・諸仏に奉献するための法会。金峯山寺の三大行事の一つです。

かつては、役行者の御縁日にあたる六月七日に行われていました。昔の六月というのは旧暦なので、今日では七月になります。

廃仏毀釈《はいぶつきしゃく》の混乱によって途絶えていた蓮華会を復興する時、今日の蓮華の開花期である七月と、役行者昇天の日に当たる七日をもって、七月七日とされたのです。

この日は役行者が産湯《うぶゆ》を使ったと伝えられる大和高田市奥田の弁天池から採取した、清らかに咲いた蓮華の花を蔵王権現さまにお供えします。

午前中に、山伏と信徒総代の一行が弁天池で百八本の蓮の花を受け取り、六田《むだ》の初花《はつはな》権現に蓮華を献じた後、一山の僧侶に迎えられた蓮華が蔵王堂に供えられ、蓮華会の法要が営まれる。翌日、山上ヶ岳に至る修行道にある各拝所に蓮華を一本ずつ供えながら、山上ヶ岳の山上本堂（大峯山寺）まで蓮の花を運びます。

これが蓮華入峯と呼ばれる行事です。

また、蓮華会では蔵王堂への献花の後、蛙を人間に変えるという「蛙飛び」の儀式が行われます。

「蛙飛び」はユーモラスな演劇的な要素を含む行事です。

これにも面白い伝説があります。

平安時代のことです。大峯入峯の一行の中で高慢な男が蔵王権現さまを冒涜《ぼうとく》するような暴言を吐きました。するとどこからともなく大鷹が飛んできて、この男をさらい、断崖絶壁の上に置き去りにしてしまいました。男は、絶壁の上から降りることができません。

その時、通りかかった金峯山寺の高僧が哀れに思い、男を蛙の姿に変えて岩壁から降ろしてやりました。そしてその蛙を蔵王堂に連れ帰り、一山の僧侶が法会を営み人間の姿に返したのです。

この伝説をもとに、「蛙飛び」の行事は行われてきたのです。

蛙役の人は縫いぐるみを着て飛びます。その姿に愛嬌があり、大変な人気です。昔は修験者の祈禱の法力を競う験競《げんくら》べが盛んに行われていました。

蛙飛びの行事も中世に行われていた験競べから起こったものだといわれていますが、大峯山の信仰を背景とした修験道の儀礼を今に伝える貴重な文化遺産です。この「蓮華会」は、平成十六年に奈良県の無形民俗文化財に指定されています。

愛染堂大祭《あいぜんどうたいさい》（十一月二十七日）

蔵王堂境内の愛染堂の大祭です。

愛染明王は、「愛欲煩悩は断じ尽くすことは難しい。断じ尽くすよりも、むしろこの本能を浄化して菩提に転換させる」ことを開示した明王です。

愛を表現した明王であるため、その身色は真紅。愛を成就させてくれるという信仰もあります。明王は右手に矢を持っていて、本来は煩悩を打ち砕く意味ですが、その姿がハートを射抜くという解釈で女性の信仰を集めています。

金峯山寺の愛染明王は、元は奥千本の愛染の地にまつられていましたが、明治の廃仏毀釈に際しお堂が取り壊され、本尊だけが蔵王堂境内に移されて今日にいたっています。

仏名会《ぶつみょうえ》（十二月十四日・十五日・十六日）

一山の僧侶が出仕して、三日間に過去千仏、現在千仏、未来千仏、合わせて三千の仏名を唱え礼拝する行事です。

この仏名会は六世紀頃、北インドの僧侶・菩提流支《ぼだいるし》によって翻訳された『仏名経《ぶつみょうきょう》』によって行われています。

三千の仏の名前を読み上げると平穏な日々を過ごすことができ、諸難から逃れ、諸罪が消え、将来は悟りが得られると説いています。

日本で初めて仏名会が行われたのは宝亀五年（七七四）、光仁天皇の時代。その後、仁明天皇が承和二年（八三五）に行って以来、宮中の恒例行事となり、各寺院でも勤めるようになりました。

十二月には各家庭で大掃除をして一年の塵汚れを払いますが、仏名会は心の掃除です。身・口・意の業で犯した罪を浄めます。

金峯山寺では中世以来、この法会を一山行事として営んでいます。

金峯山寺の修行会《しゅぎょうえ》

修験道は在家主義を本分としており、他の寺院と比べると一般の方の修行参加の機会がたくさん設けられています。

ここでは、金峯山寺が主催する修行会を紹介します。

◉金峯山寺・東南院合同奥駈修行

日程（毎年七月中旬頃）

・全行程　（八泊九日）※女性は参加できません。

・前半行程（四泊五日）※女性は参加できません。

・後半行程（四泊五日）※女性も参加できます。

行程

一日目　吉野山東南院集合

二日目　吉野山～山上ケ岳

三日目　山上ケ岳〜弥山
四日目　弥山〜前鬼山
五日目　前鬼山〜下北山村
＊前半行程参加者は、前鬼山より吉野山へバスで帰山後解散。
＊後半行程参加者は、吉野山へ集合しバスで下北山村へ。本隊と合流。
六日目　下北山村〜玉置山
七日目　玉置山〜本宮
八日目　本宮＝熊野三山参拝
九日目　那智勝浦＝吉野山（解散）

参加費用（令和三年実績）
全行程　十一万円
前半行程　五万円
後半行程　八万五千円

服装

行者装束または白いトレパン・トレシャツのような動きやすいもの。履物は、白の地下足袋に統一します。金剛杖、檜笠が必要です。引敷、手甲脚絆等はできるだけ用意してください（帽子、手袋、ストックは不可）。

携行品

勤行儀ほか（修験道の儀礼に用いる法具類）、雨具（ポンチョ・合羽など、傘は不可）、リュックサック（もしくはこれに類するもの）、懐中電灯、着替え、下着、洗面用具、水筒（もしくはこれに類するもの）、甘味、ゴミ袋など。

申込みについて

所定の用紙に、住所・氏名、自身の経験経歴等を明記して申し込みます。なお、定員を設けているため、記載した内容等により参加の可否を決定します。申込者全員が参加できるわけではありません。

申込み先

〒六三九—三一一五　奈良県吉野郡吉野町吉野山　総本山金峯山寺 奥駈修行係

電話　〇七四六（三二）八三七一

◉蓮華奉献入峯

ご開祖役行者ゆかりの弁天池の蓮の花を、金峯山寺（山下蔵王堂）から大峯山寺（山上蔵王堂）まで、各拝所にお供えしつつ登拝する修行です。一千年の昔から行われている伝統行事です。

申込みについては、所定の用紙に住所・氏名等必要事項を記入してお申し込みください。

なお、本山による選考があり、お申込者全員が参加できるわけではありません。

服装や携行品については、奥駈修行の項を参照してください。

日程　毎年七月七日〜七月九日（二泊三日）
行程　一日目　吉野山東南院集合（午後）
二日目　午前三時起床
蔵王堂〜水分神社〜金峯神社〜足摺宿〜百丁茶屋〜五番関〜鍋冠の行者〜洞辻茶屋〜表行場〜東南院山上参籠所〜裏行場〜大峯山上本堂
＊表行場・裏行場修行は新客のみ
三日目　東南院山上参籠所〜洞川＝蔵王堂（昼食後解散）
参加資格　体力に自信のある男性のみ
参加費用　三万円（令和三年実績）
申込み先
〒六三九―三一一五　奈良県吉野郡吉野町吉野山　総本山金峯山寺 蓮華奉献入峯係
電話　〇七四六（三二）八三七一

◉大峯山修行体験──回峯行者と行く体験修行

あくまで修験道の修行として行われるので、その心構えは絶対に欠かせません。物見遊山はもとより、山を征服してやろうなどという気持ちの方の参加はお断りしています。一般の方も参加できます。コースによって、女性の参加が可能なものがあります。各コース満行者には遂行証（満行証明書）が授与されます。

毎年五月から十月までの間、各コースいずれかを毎月一回実施しています（七月は、「蓮華奉献入峯」となります。前項を参照）。実施日については、本山までお問い合せください。いずれの修行にも、金峯山寺の大峯回峰行者が先達として同行します。

申込みについては、所定の用紙に住所・氏名等必要事項を記入してお申し込みください。なお、各コースとも定員を設けています。定員を超した場合や、最少催行人数に達しなかった場合は、ご参加いただけないこともあります。また、悪天候等により、急遽中止となる場合もあります。服装や携行品については、奥駈修行の項を参照してください。

参加費用は、令和三年実績です。

・山上ケ岳（表行場・裏行場修行）コース（一泊二日）

行程　一日目　吉野山東南院に午後集合
二日目　午前三時半起床
東南院＝五番関～鍋冠の行者～洞辻茶屋～表行場～山上東南院～裏行場～大峯山上本堂～五番関＝蔵王堂解散（午後四時頃）

参加資格　体力に自信のある男性のみ

参加費用　二万六千円

・五番関コース（一泊二日）

行程　一日目　吉野山東南院に午後集合
二日目　午前四時半起床
東南院＝金峯神社～足摺宿～百丁茶屋～大天井茶屋～五番関＝蔵王堂解散（午後四時頃）

参加資格　体力に自信のある男性・女性

参加費用　二万四千円

・吉野山コース（日帰り）

行程　近鉄六田駅集合（午前十時）～六田の渡し～一ノ坂行者堂～吉野神宮～銅鳥居～水分神社～蔵王堂解散（午後四時頃）

参加資格　ある程度体力に自信のある男性・女性

参加費用　六千円

申込み先

〒六三九―三一一五　奈良県吉野郡吉野町吉野山　総本山金峯山寺 修行体験係

電話　〇七四六（三二）八三七一

お申し込みは、各回実施日の十五日前まで。

吉野の桜

◉吉野山といえば桜　桜といえば吉野山

「吉野山といえば桜、桜といえば吉野山」といわれます。

日本各地に桜の名所は数多くありますが、その筆頭はやはり吉野でしょう。金峯山寺を中心とする吉野山は、日本第一の桜の名所といってても過言ではないでしょう。

とくに平安時代の終わりに、歌人の西行が吉野の桜を歌に詠んで以来、日本最高の桜の名所となりました。千年もの歴史があるのです。

四月の初めから五月の初めにかけて約一ヶ月にわたって、桜の花が見られます。

吉野山には「下《しも》の千本」「中《なか》の千本」「上《かみ》の千本」「奥《おく》の千本」といわれるように、山裾から山上へ、そしてその奥にかけて順次群生地があります。下千本あたりが満開でも、奥へ行けばまだ蕾ということもあります。

見渡す限りの桜は霞か雲か、夢のようです。

さながら「千年の桜絵巻」といった様相です。

◉吉野の桜は「山桜」

吉野の桜は「山桜」です。西行をはじめとする日本の歌人や詩人たちが歌や詩に詠んだサクラは、みな山桜でした。

いま、私たちが各地の公園などで見る桜のほとんどは「染井吉野（ソメイヨシノ）」ですね。それは江戸時代の末期に品種改良してつくり出されたものです。

ソメイヨシノは、まず花だけが咲いて、花が散ったあとで、葉が出てきます。

しかし、山桜は、まず葉が出て、それから花が咲きます。山桜は、奥深く幽玄でありとても上品な佇まいです。それは、山桜はソメイヨシノとは違い、実生《みしょう》で増えます。つまり一本一本個性があり、早く咲く木、遅い木があり、色や香りも色々ですが、咲きそろうと個性の集まりがグラデーションとなって、全体を美しく輝かせるのです。

◉すべて蔵王権現に献木されたお供えの「生きた華」祈りの証

一千三百年の昔、役行者が金峯山上で蔵王権現さまを感得され、そのお姿を桜の木に刻んでおまつりされたところから、桜が蔵王権現さまの御神木となったのです。

桜の木に刻まれた蔵王権現さまをまつった場所こそ、現在の蔵王堂なのです。

吉野山の桜は観光地や名所にしようとして植えられたものではありません。すべて蔵王権現に献木されたお供えの「生きた華」であり「祈りの証」なのです。

役行者は「桜は蔵王権現の神木だから伐ってはならぬ」と里人に諭されたと伝えられています。ですから吉野にあっては、古い時代から「桜は枯枝さえも焚火にすると罰があたる」といって大切にされてきたのです。

桜はご神木なのです。だから、枯木、枯枝といえども薪として使うことが禁ぜられ、「桜一本首一つ、枝一本指一つ」といわれるほどに、厳しく伐採が戒められたのです。

◉桜とは、そもそも神聖な木

桜はもともと神聖な木であり、霊を鎮める霊力があると信じられてきました。

そもそもサクラという言葉は、「サ＋クラ」に分解できます。

サは、五月（サツキ）のサ、早苗（サナエ）のサと同じで、稲を実らせる穀物の霊です。クラは、盤座（イワクラ）のクラで、神が降りてくる場所という意味をもちます。

したがって、サクラ全体では「稲の穀霊が降りてくる花」ということになります。満開の桜が稲の霊の依《よ》り代《しろ》なのです。

また、桜には「花鎮《しず》め」という古来の信仰がありました。それは、満開の桜が、まがまがしい悪霊や疫神を押さえ鎮めてくれる力をもっているという信仰です。いまも盛んなお花見も、もとは稲の穀霊をまつるお祭りだったという説さえあります。

◉死者の霊を鎮めてくれる

吉野山の千本桜は、金峯山浄土に依り集まった死者の霊を鎮めてくれるという信仰もあります。

「吉野の千本桜は千本卒塔婆《そとば》」

といわれることもあります。吉野山は「金峯山浄土」とも呼ばれ、死者の霊の依り集まるところと信じられていたのです。

ご神木《しんぼく》である桜を吉野の山に寄進するというのは、浄土におわす故人を供養する、あるいは亡くなった人のよみがえりを花に託す、ということでもあったのです。

また、修験道は死と再生が大きな主題ですから、桜こそが修験道を象徴しているのです。ですから、金峯山寺の紋所は桜なのです。袈裟《けさ》も桜紋、燈籠や香炉などのにも桜紋が使われています。

◉全国各地から、桜の献木

蔵王信仰が盛んになるにつれて、各地から参詣する信者が増えました。それらの人々の献木によって、桜が年々増殖されてきたのです。

桜寄進のもっとも大規模なものは、天正七年（一五七九）十二月、大阪平野の豪商・末吉勘兵衛《すえよしかんべえ》による一万本の苗木の寄進です。

また、吉野山では、思いもよらない岩角や谷間など、人手の及ばないところにも天然の桜が育っていることがあります。これはサクランボをついばんでは運ぶ鳥の為せるわざです。

吉野山では古来、鳥を権現様のお使いとして大切にしてきました。

幾時代もの間に繰り返された桜の植樹によって、吉野山は全山桜尽くしの山となっていきました。

世界文化遺産の吉野

◉世界文化遺産に「紀伊山地の霊場と参詣道」が登録

平成十六年（二〇〇四）七月七日、ユネスコ世界文化遺産に「紀伊山地の霊場と参詣道」が登録されました。これは、金峯山寺が中心となって進めてきたものです。

吉野・大峯こそ蔵王権現さま御出現の聖地であり、「吉野・大峯」「大峯奥駈道」は神仏の宿る聖地として日本独自の宗教文化を伝えてきた貴重な文化遺産です。

この地を抜きにしては、日本の文化や宗教は語れないと言っても過言ではありません。

この地が世界的に大切に保存すべき宗教文化として認められたという意義は、とても大きいものがあります。

自然を敬い、一本の草木にまで神が宿り、山そのものが法体という多神教的で多様な世界観をもつ修験道の心は、環境破壊や宗教対立によって引き起こされる諸問題へ大きな示唆を与えるものだといえるでしょう。

◉参詣道が遺産となった

世界遺産として認められたのは、吉野・大峯、熊野三山、高野山という三つの霊場と、大峯奥駈道、熊野参詣道、高野山町石道という三つの道です。

「道」が世界遺産に登録されるのは日本では初めてのことであり、「道」の世界遺産は世界中で二つしかありません。一一五〇余(令和三年現在)の世界遺産の中で、スペインの「サンティアゴ・デ・コンポステーラへの巡礼道」に次いで二例目になります。

熊野参詣道も高野山町石道も、かつては信仰の道でしたが、現在もなお信仰が息づいたまま継承しているのは、吉野・大峯奥駈道だけではないでしょうか。

毎年、この奥駈道を修験者たちが奥駈修行として跋渉しているのです。

そうであればこそ、今回の世界遺産の中心をなすのは吉野、大峯と自負しております。

◉大峯山の霊場としての永遠性と尊厳が守られる

「紀伊山地の霊場と参詣道」の中には、修験道の根本道場であり、聖地として尊崇している、吉野川の「柳の渡し」から吉野・大峯山脈を経て熊野の「音無川」までの、いわゆる『大峯山』が全部含まれています。

その間の山々は官有地あり、また地方自治体の所有林あり、民間人の所有林ありと種々雑多ですから、常々、乱開発を心配していたところでした。

世界遺産に登録されることによって、文化遺産として自然環境の保護保全が優先され、様々な規制を受けることになります。大峯山の霊場としての永遠性と尊厳が守られるということは、修験道にとってこの上もなく有り難いことだと思っています。

第四章　脳天さん

脳天さんとは

◉脳天さんの由緒

初代の金峯山修験本宗管長の五條覚澄《ごじょうかくちょう》法主は昭和二十二（一九四七）年に金峯山寺住職となり、宗門の建て直しに力を尽くしました。

まず仁王門の改修に取り組み、戦後初の大工事として昭和二十六（一九五一）年に落慶法要を行いました。

次に取りかかったのが、行場としての体裁を整えていくことでした。修験道の寺なのに滝がなく、女性行者のための行場が必要だったのです。

なぜなら男性には大峯山という一三〇〇年にわたる行場があるのですが、女人禁制なのです。

そこで蔵王堂から西へ下りる深い谷の途中に滝を開きました。昭和二十五（一九五〇）年のことです。

この谷は蔵王堂の西の真下に当たります。

南北朝の時代に北条方の軍勢が大塔宮の本陣であった蔵王堂を落とすために、この谷を攻めのぼり、押しもどされて、吉野方、北条方の軍兵が多数戦死したところです。

その時の戦闘があまりにもすさまじく、死者が多かったところから「暗り谷《くらがりだに》」「地獄谷」といわれ、人の滅多に入らない不気味な場所でした。

この谷に行場が造られたことは、無念の中に亡くなった亡魂を弔うのに最適の場所であったと思われます。

そしてこの谷に山上ケ岳の行場を模して「鐘掛け」「西の覗き」などが作られていきました。

法主猊下は毎日、その行場を見回りに行っていました。

ある時、お参りに行ったところ、子どもたちが一匹の蛇の頭を棒で突ついていました。

猊下は死んだその蛇を杖の先にひっかけて、谷川の石の窪みへ置いて手篤く回向したのでした。

翌日行ってみると、頭を割られて死んだと思った蛇が川を泳いで渡っていました。そこは石でせき止めた淵になっていたところで、大変驚いたのです。

それからというもの、毎日、猊下の夢の中に蛇が現れ、「吾は頭を割られた山下の蛇である。蔵王の変化身なり。脳天大神としてまつられたし。まつられたし。首からの上の如何《いか》なる難病苦難をも救うべし」というお告げが続いたのです。

猊下には「夢通」という霊能がありました。

自分だけのことでしたら、妄想かもしれないと思われるのですが、ある日、お弟子さんがやってきて、「管長さん、龍神さんがまつってくれと言うてはる夢を見ます。頭の神さんらしいですよ」と言ったのです。この方も霊能者でした。

その方には、蛇のことは少しも話していないのに、夢が符合するのです。

「それでは本当におまつりしなければ」ということで、昭和二十六（一九五一）年七月十三日、現在の金龍王の地に脳天大神の霊標を建てました。

それからというもの、首から上の病気にとどまらず、頭で悩むなやみごと、頭で願うねがいごと、またあらゆる試験の合格祈願の大祈禱所として「吉野の脳天さん」と親しまれ、全国各地からの参拝が一年中絶えません。

また女人の行場として「お滝」を受けられる方、お百度をふまれる方も絶えないようになったのです。

◉脳天さんと蔵王権現さま

法主猊下は蔵王権現の応化身《おうけしん》として脳天さんを感得されたのです。

応化身というのは神仏が衆生に応じて姿を現し、衆生に応じて済度されるということです。すなわち、蔵王権現さまが衆生のために脳天さんとして現れたのです。

また古来より、金峯山そのものが龍体とされていますので、ここに深い因縁を感じます。蔵王権現さまのはたらきのひとつが脳天さんなのです。そして、蔵王権現さまと脳天さんは一体ということができます。

それゆえ、蔵王権現さま御縁日の「十九日」が脳天さんの大祭日と決められました。

だから、脳天さんにお参りされる時は、あわせて蔵王権現さまにお参りされることも、とても大事なことです。

◉「諸法神事妙行得菩提《しょほうしんじみょうぎょうとくぼだい》」

法主猊下にお告げをした大蛇が、次のように告げたのです。「六月二十一日にあなたが蔵王権現より賜られた霊言を唱えられたし」と。

その霊言とは「諸法神事妙行得菩提」という神授偈文《しんじゅげもん》でした。

神授偈文とは、神が授けたもうた真理の言葉という意味です。「偈」とは、あらゆる真理を集約し、短く縮めた言葉です。

この意味は、諸法はつまり一切の仏法、神事は「かみごと」つまり神道のことです。

仏も神もともに拝むのが役行者の教えであり、修験道の根本なのです。

明治の神仏分離令までは、わが国では神も仏もともに畏れ敬っておりました。比叡山や高野山も神さまとは切り離せないお山なのです。

本当の信仰の道は神と仏を分けるのではなく、ともに畏れ敬うところに見出されるのです。ひとつの教えや宗派を超越したところに真の神仏の世界の悟りがあるということです。

仏法も神道も、どちらも妙なる行法であり悟りの道なのです。

この「諸法神事妙行得菩提」の神授偈文の中にはすべての神の教え、仏の教えが含まれているので、この言葉を唱えることによって仏さまも神さまも、苦しむ私たちをお助けくださるのです。

この傷ついた大蛇はこの言葉を唱えることによって、頭を割られる苦しみも助かるのだということを猊下に知らしめたといえましょう。

◉脳天さんの御真言

脳天さんの御真言は、次のようにお唱えします。

おん　そらそばていえい　そわか

この御真言は弁財天さまと同じ御真言です。

弁財天のお姿は琵琶を持った女神であらわされることが多いのですが、もう一つは龍体であらわされることもあります。

大峯山系は、吉野から熊野までが大きな一つの龍体と説かれております。

脳天さんも頭を割られた大蛇の姿で出現されました。これは龍体で出現されたということです。

そのようなところから、この御真言をもって脳天さんの御真言とされたのです。

脳天さんに御参拝の時には、この御真言と「諸法神事妙行得菩提」の神授偈文の両方をお唱えしてお参りいたします。

脳天さんのお力

◉脳天さんの御神体

脳天さんは、たんなる動物霊である蛇の霊をおまつりしたものではありません。

蔵王権現さまの変化身が脳天さんです。

蔵王権現さまと脳天さんは、一体なのです。

ただ、そのお姿を猊下の前に大蛇の形（実は龍体）で現されたことから、いつとはなしに蛇を御神体と誤解される方もおられたと思います。ちなみに、巳《み》さんは龍の眷属《けんぞく》です。

◉卵をお供えするいわれ

脳天さんは最初、頭を割られた大蛇のお姿で出現されました。

これは頭を割られ死ぬような苦しみにあっている衆生をも救済しようという大神様の誓願を示されたので、その最初のお姿にちなんで卵をお供えになったのが今に残っているからです。
現在でも本殿には大きな蛇がすみついており、卵を丸呑みにする姿が見られます。

◉蔵王堂との関係

脳天さんは正式には龍王院といいます。金峯山修験本宗金峯山寺の中の塔頭寺院の一つなのです。さらに、脳天さんは蔵王堂におまつりされている金剛蔵王大権現さまの応化身なのですから、まさに親子の関係に似たものといえばわかりやすいでしょう。

◉脳天さんは神社かお寺か

龍王院というお寺です。まつりかたは神式といえますが、行法は護摩を修法したりお経をあげたり、御真言を唱えたりする仏式です。

我が国は明治時代まで一千年以上、全てこれと似たような形式で神と仏が混じりあっていた（神仏習合）のですが、明治初年の悪法である神仏分離令によって、むりやりお寺

脳天大神

と神社とに別れさせられたのです。

修験道は神仏和合の道であり、それは日本人の信仰の原点を忠実に継承しているといっても過言ではありません。

ですから「脳天さん」では拍手を打っても結構です。とにかく形式などにはとらわれず、一心におすがりし祈ることが肝要です。

◉「縁切り地蔵さん」と「縁結び地蔵さん」

「縁切り地蔵さん」は蔵王堂から脳天さんに下りて来る途中の石段の脇におられます。

台石にお名前が彫りこまれてありますから、すぐにわかるかと思います。

お地蔵さまは、弥勒菩薩が現れ人々をお救いになるまで、現世の苦しみにさいなまれている我々を助けて下さる菩薩さまです。悪因縁や遠い過去世からの業に悩める我々を救いあげてくださるのです。

また「縁結び地蔵」さんは、お百度の脇におられ、苦しみの多い人の世に、楽をもたらす良い縁を我々凡夫にお与えくださいます。

◉脳天さんの護摩について

本殿では、「特別祈祷」「特別護摩」が修法されます。

「特別祈祷」とは御本尊の御宝前にて修法される護摩で祈禱することをいいます。

護摩は日曜日、祝日、一日、毎月十九日と、入試特別祈祷の時期である一月十五日から二月末日までは、毎日、本殿にてとり行われます。

また屋外の護摩道場において、大護摩供が年に三度、一月、五月、十月の十九日に、午後一時から修法されます。

祈禱を申し込まれますと、一番近い日の御護摩で御祈禱をして、祈禱札を送らせていただきます。御祈祷は電話でも、郵便でも受け付けております。くわしくは受付まで御相談下さい。「特別護摩」とは個人の「願いごと」のために、御本尊の御宝前でお護摩を焚いて祈禱することをいいます。

第五章　金峯山寺山主の法話

八千枚護摩供

「八千枚護摩供《はっせんまいごまく》がはじまるとき、山からびゅーんと疾風が吹いてきた。そして結願のときにはまた突風が吹いた。蔵王堂を突き抜けて山に帰っていった」

八千枚護摩供に参拝した何人かが、こんなことを言っていました。

私はありがたくも、平成二十八年から三年間にわたって八千枚護摩供という修行をさせていただきました。八千枚護摩供とは、一千年余に伝わる天台密教の修法です。

一年目の前行は、精進潔斎と三百座の密供修法を行い、後半の前行では塩と五穀を断ち、また断食を行じる中で護摩供を修法する百日間を過ごしました。六十五キロあった体重は五十キロになり、余分な脂肪や肉もそげ落ち干からびたようでした。

正行では、一昼夜の間（三時間ごとに護摩壇に八回登る）、護摩壇に座り、水も食事も

八千枚護摩供修法中の管長猊下

取らず、ひたすら護摩を修するわけです。八千枚といいますが、実際には二万本を超える祈りの護摩木を焚きました（三年間で六万四千枚となりました）。一昼夜の護摩供で、体重はさらに約五キロも減りましたが、そこに私は「命あること」に気づかせていただいたのでした。

護摩壇の炎の中に諸尊をお招きし、諸尊に祈念もうしあげる。護摩木に書かれた祈願をお伝えします。

「そんな厳しい行をして、なにか変化があるのか」とよく聞かれます。そういう特別なことは起きません。見えないものが見えてくるわけでもありません。人格が変わったり人間性が磨かれるわけでもないのです。

ただ普通の暮らしにはない世界が立ち現れる、そんな体験をしたのは事実です。

前行が進むにつれ、身体はやせ細り、眼光は光って、五感が鋭敏になります。微細な変化に気がつきます。

自然の空気の動きが感じられます。

ふだん聞こえない音が、よく聞こえます。小さな雨の音、風の音、木のきしみ、人々の息遣い。かすかな光でも、眩しいほどよく感じられます。

嗅覚もするどくなります。臭いに敏感になります。

とくにわかってくるのは、人の臭い。まさに生きている、人の生きざまの臭いです。まわりにたくさんの人がいれば、渦巻くような人の臭いがわかります。

正行では炎の前に一昼夜、座り続けるわけです。水分は一切口には含みません。そうすると、体の水分がどんどんと抜けていきます。出る汗もありません。

体がまさに枯れていくのを感じます。雨が降っていると体がラクになります。体が水分を吸収するんですね。

もしもこんな感覚で都会を歩いたとしたら、あまりに雑多なものが強烈に心身に飛び込んできて、くらくらしてしまうのではないかと思われました。

それだけに、多くの方に支えられながら、蔵王堂で護摩の修法させていただいていると、「ああ、吉野はまさに平和なんやな、安らぎの地なんやなあ」ということが強く感じられました。

先人たちの修行作法の大切さ

行というものは、やればやるほどに、ストイックになっていくものです。断食する、不眠で行ずる。「これでもか、これでもか」と、もっと厳しい世界に入っていこうとします。厳しい行を重ねる度に、精神はどんどんハイになっていくわけです。いくらでもストイックに押していけるのです。後戻りが効かなくなりそうです。特殊な世界、異次元の世界に入りそうにもなります。わずか百日くらいの修行でも、それは実感できました。

自分勝手にやってしまうと、アブない世界に入ってしまうことがあります。

だから、先達が必要なんですね。

修行には、行中の戒めとして、伝えられていることがあります。長い伝統のもと、先人たちが修行して定められてきた作法の大切さを身にしみて知りました。

半僧半俗《はんそうはんぞく》、非僧非俗《ひそうひぞく》

仏道とは本来は、出家の行です。プロフェッショナルの道。自ら山中に分け入り、修行してある種の悟りを得て、人々を教化していくわけです。お釈迦さま自らが、出家の道を歩まれました。多くの先人達もまた、そのような行を積み重ねてきたのです。

ところが、わが修験道というのは、お釈迦様が歩まれたような出家道ではありません。優婆塞《うばそく》・優婆夷《うばい》、在家の道です。

さらにいえば、半僧半俗です。

在家であり出家、出家であり在家というありようです。非僧非俗（僧に非ず、俗に非ず）ともいえます。

行には、山の行だけではなく、里の行もあります。

一人で黙々と行う修行もあれば、家庭生活、日々の暮らしの中に行もあるわけです。どちらも大切な修行で、両輪といえます。

私ども金峯山寺の宗徒は、そうした山の行と里の行を往還していくわけです。

また、「山の行より里の行」とも言われます。

暮らしの中に悟りを求める、金峯山菩薩集団といっていいかもしれません。

修験の行法は、たくさんあります。

日々のお勤め、礼拝、真言、護摩、滝行、托鉢、峰入、奥駈修行など。

それぞれ自分の性分、特質、置かれた環境によって進んでいけばいい。そんな方法がたくさん用意されているのです。

すべてに通じるのは、「ともにする」というところです。

そこが、修験の大きな特徴だと思います。

自分だけで行う修行ではない。みんなとともに行うんですね。

一緒に修行する。磨き合い守り励まし合う。修行の空間を共にしていく。それが修験道の醍醐味です。

祈ること自体が幸せ

修行において、大切な心とはなんでしょうか。

それは、ひとえに「祈り」です。

祈りは、もちろんまず自分自身のための祈りがあります。悩み苦しみがなくなるように、願い事が叶うように、平穏でありますようにと日々祈ります。

人生にはときには、祈らざるをえないような事態も起きます。

私たちはそういうときこそ、つらい現実を突破しようとして必死に祈ります。

祈りというのは、効果、功徳を求めての祈る場合が多いのかもしれません。

しかし、実のところ、祈りとは、欲望や願望であってはいけないのです。

そうすると、祈り自体が幸せなんですね。

祈り自体が満ち足りたもの。

祈っていると気持ちが安定してくる。幸せになってくるのです。

祈っていけば体もちゃんとなっていく。身も心も軽くなっていく。それは実感するところでしょう。


祈りというと、特別な宗教や宗派を思い浮かべる人も多いかと思います。

しかし祈りの本質には、宗教とか宗派は関係ありません。

また、祈ることはどこでも可能です。お寺でも家でも、歩きながらでも、町の中でも、山中でも川の畔でも、どこでも祈りは可能です。

自分のことだけを祈るだけではなく、他者の事を祈ることが大事なのです。

他者への祈りのできる人が増えていけば、世の中は必ずよくなっていくと思います。

みんなが祈りあう世界を

祈りを人に及ぼしていくことが大切と、わたしは強く思っています。人のために祈っていく。そこには自分はもちろんのこと、家族も入る。友人も入る。地域社会や職場の人も入る。さらには生きとし生けるものに、及ぼしていく。

みんながみんなのことを祈りあう。

みんなが祈りあう世界があらわれてきます。

これは不思議なことですが、たしかに実感するのは、他人様のことを祈っていると、なぜか自分の心が優しくなっていくことです。祈ることで他人の心は変わらないかもしれない。しかし、自分の心は確実に変わっていくのです。

別の言い方をすれば、仏様の慈悲の心が自分の中に生まれるのかもしれません。

ギスギスした尖った心だと、他人を傷つけ自分も傷つけてしまう。それは、壊れやすい脆《もろ》い心なんですね。

人の祈る心は、まるいひろいこころです。

それは、とても強い心です。

慈悲の心で安定してくると、前向きになってきます。背筋も伸びてきます。背筋が伸びてきたら体も元気になります。笑いも歌も生まれてくる。免疫力も上がってきます。病魔にも打ち勝てる。

すべての源泉は祈りです。祈りが起動力なのです。

祈りの相乗効果

護摩の発祥は遠く古代インドにあります。現在のインドでも行われていますが、真ん中に壇を置いて、そこに諸尊を招いて供養します。

みんなが炎の中心に向かって祈ります。阿闍梨《あじゃり》（導師）がひとり祈って、信徒は後ろで見ているというかたちではありません。


金峯山寺の八千枚護摩供も、蔵王堂の本堂に護摩壇を置いて、まわりを人々が囲んでともに祈ります。

正面に奉祀される蔵王権現さまの御宝前を除いて、丸く周りを囲みます。横にも後ろにも人がいる。信徒が阿闍梨のまわりを丸く囲んで、みんなで不動真言を唱えます。その真言の響きは途絶えることはありません。

修験は、そういうかたちで、みんなで祈ってきました。

採灯護摩にしても、みんなが炎の周りを取り囲んで祈ります。僧侶だけが一人だけが祈って、後の人は見ているというのではありません。みんなが祈りに参加するのです。

祈りと祈りの相乗効果が起きる。祈りの増幅作用がある。

「みんなで祈りましょう」というのが、「とも祈り」であり私の修験道の原点です。

みんなが安心して祈れる場所をつくっていく

令和二年から続くコロナ禍では、みんなさんとてもつらい現実が起きました。

けれども、つらいとき悲しいときに、祈る場があるのはありがたいことです。その祈りの場をつねに用意しておくのが、お寺の役目だと思います。

お寺は、法要や祭事や修行の場でもありますが、最も中核にあるのは、祈りの場だということです。

私ども金峯山寺にいる者の役目は、みんなが安心して祈れる場所、祈りの集まる場所をつくっていくことにあると心しています。

蔵王堂に、いつどなたが帰ってこられても、どんな方が参拝しても、祈る空間を用意しておく。維持しておく。磨いておく。そしてそこに、祈りが集まるのです。

「ここに座っていたら、気持ちがいい。心静まる。深い祈りができる」。

そういう場を作りつづけていく。それが、私たちの役目と思っています。

お寺での祈りは、いわば祈りの修練をするといってもよいかもしれません。その修練ができたら自分の家で祈るのが一番いいことです。

あえて特別な仏間や礼拝室がなくともいい。

食卓の上で、会社の休憩室で、祈ればいい。また歩きながら祈ればいい。なにかのときに、合掌して祈る。心の中で祈るだけでもいいわけです。

おそらく昔の人は、暮らしのなかに、常に祈りがあったことでしょう。

暮らしの中に祈りがある、祈りが基底部にあって、生き方がある。そうした生き方に戻していきたいものです。

「とも祈り」の時間をもつ

みんなが一堂に会するのが難しいときもあります。
ゆえに、同じ時間で、それぞれに、みんなで祈ることを提唱しています。
これを「とも祈り」と称しています。

どこにいても、それぞれの場所で同じ時間で祈りましょう。
もちろん蔵王堂に帰ってきていただいて、直参《じきさん》で祈ることがすばらしいことです。
それはなかなか難しいことでしょう。
けれども常日頃、場所が違えども、共に祈っていくことは可能です。
それぞれいる場所は異なれども、決めた時間に祈りましょう。

いま現実にやってるのは正午の祈りです。
正午に南無蔵王権現を十回唱えましょう。一人が十遍唱えたならば、全国で十万人が唱えれば、百万遍の力になります。

蔵王権現一仏に祈りましょう。
こうして祈る人がどんどん増えていけば、世の中がよくなっていくと思います。
過去・現在・未来の三世救済は、私たちではなくて、蔵王権現さまがなさることです。
私たちは、蔵王権現さまにおまかせ申し上げればいいわけです。

蔵王権現さまに祈りを集める。
蔵王権現さまのもとに祈りが集まる。
それは、一切仏に通じます。

すべての諸仏に通じてゆくということです。

さらには自分の縁のある仏菩薩に祈ることは、蔵王権現さまに通じていくことになります。通じたときに、その一切を蔵王権現さまが受け止めて下さる。私はそう思っています。

みんなが祈りあうのは、とても心が落ち着き、安心して力づけられることになります。私の祈りが見知らぬ誰かの力になり、誰かの祈りが私の助けとなるのです。私自身、なにより救われていると実感しています。

「とも祈り」ができれば、場所と時間が違っても、祈りによる安心が得られるようになります。コロナ禍で、人と人とが分断されていっていますが、こうしてみんなで祈ることでつながっていけるわけです。

「とも祈り」の時は、各自で般若心経を唱えたり、蔵王権現のご真言を唱えたり、それぞれ自分にあった行をすればいいでしょう。蔵王堂ではその後に護摩を行じています。「とも祈り」をして、さあご飯食べよう、さあ仕事をしようみたいなことで一日のサイクルとして、安心した落ち着きが生まれてゆくことでしょう。

みなさんと共に学び、ともに行ずる、ともに祈る。そういう場を作っていくのが私の役目と思っています。

身体を通して実践していく姿に打たれた

私は仏教系の大学で学びました。仏教系の大学といっても、当時の大学の授業では「信仰」についてはなぜか教わることがありません。大学では教学とか歴史とか、学問的なことばかりを扱います。先生方も住職でお坊さんなんですが、そこで「祈り」を教えるわけではないんです。

信仰自体をとくに扱わないんですね。仏教の中核には信仰があると思うのに、不思議なことです。また、「仏さんとは何だろう」「祈るとはどういうことか」そういう基本的なことも、なかなか講義では扱われません。

私は大学に通いながら、市中の寺院に寄宿してお寺の作務をしました。そこは、聖天さんや弁天さんが祀られていたお寺でした。

そういうお寺には、商売繁盛を求めて熱心な信者さんがたくさん来られました。すごい熱気です。庶民の信仰には、すごいものがあるなあと思ったものです。

このように信仰を教えない大学に通い、庶民の熱い信仰のお寺で仕事をする。そうした体験を学生時代にしてきました。

そんな気持ちで大学を卒業して、吉野のお寺に入りました。

そこで気がついたのは、吉野での信者さんたちは、東京で出会った信者さんたちとは、少し違うということです。

吉野の信者さん、修験の方は、身体を通して実践していく姿があって、自分だけではなく他者にも及ぶ祈りがあることでした。

信心のある人には、深い祈りがあるのはもちろんとして、そこに身体で祈ろうとする姿があったんですね。

大峯山に行ったり、奥駈修行をしたり、滝に打たれたり、一生懸命お経を読んだり、身体を通して実践していく修験信仰の姿を見せていただきました。それが衆生に及ぼす祈りであったのです。

そういう信者さんたちに出会った時、清々しい思いがしました。

「とても美しいなあ、いいものだなあ」と実感しました。この体験があったからこそ、いまの私があるのだと思います。

懺悔懺悔　六根清浄

奥駈修行は、山伏にとって最奥といわれる枢要な修行です。

修験道は、大自然をご本尊とし、諸尊まします曼荼羅と観て、そして教典とします。大自然の霊威をいただくことが修行のポイントです。

金峯山寺の奥駈修行は、急峻な山道を八日間にわたって歩きます。大自然を、神仏を礼拝する行です。そして、そのことが自分の心を観る道です。

歩くときは、先達にしたがって、「さーんげさんげ　ろっこんしょうじょう」（懺悔懺悔　六根清浄）と、みんなであらん限りの声を出していきます。

急峻な登りのときに唱和します。あるいは、ここ一番のしんどい時に唱和します。

先達が声を出し、そして参加者が唱和します。先達も新客も声をかけ、声をかけられながら登っていきます。何度も奥駈を体験した熟練者もまったくはじめての素人も、みんな一緒に行を行うわけです。

みんなが唱える声に押されて、励まされて、パワーをもらって歩くことができるんですね。

人に声をかけ、声をかけられ、人にもまれながら人に助けてもらいながら歩く。まさに神仏に守られながらの行です。

もっともつらかった奥駈体験

今年（令和三年）の奥駈は、私の三十年余の修行の中でもいちばんたいへんな行でした。

初日の四時間ほど歩いたところで、左足の筋肉がブチッという音がしました。激痛が走りました。「肉離れを起こしたかな」と思うほど、足の筋肉を痛めてしまったんです。

しかし、私は奥駈修行の大先達を務めています。途中で辞めるわけにはいきません。

そのうち右足裏の皮がむけて、左足が動かなくなってきました。六根清浄の声と足のリズムが合わなくなりました。心も乱れていたのでしょう。

すこしくらいのケガをしても、とにかく我慢していつものように歩いて行ったら治っていく。片方の足を壊しても右の足でかばってはいけない。かばうと右足を痛め更には腰を痛める。そうなると歩けなくなる。足の皮を剥がれたり爪が剥がれたくらいで死なない。だからいつものように普通に歩く。——昔からそのように言われてきたし、私自身も、足を痛めた参加者たちにそう伝えてきました。

実際に、ケガをしながら歩いて乗り越えて、満行された方がたくさんいます。かなりのつらいことがあっても、それを乗り越えて、毎年、参加し続けている方がいるわけです。

ところが、今までそういうふうに人に言ってきたことが今回、自分に全部返ってきたわけです。といって、私が「足が痛い、歩けない」と弱音を吐くわけにはいきません。

左足は痛い。たしかに痛い。激痛です。

でも歩こう。なんとしても歩こう。歩いていけば治るんだ。

そのように自分に言い聞かせて、歩いていきました。

すると、これが不思議と歩けるようになるんです。

大峯奥駈修行

足はめちゃくちゃに痛い。身体のバランスも心のバランスも崩れヨロヨロです。けれども、いつとはなしに普通に歩くことができていたのでした。といっても、痛さがなくなるわけではないんです。脳内からアドレナリンが出るのかどうか分かりませんが、痛みを伴いながら、確かに歩くことができたわけです。

気がつくと、口には蔵王権現さまと神変大菩薩さまの御宝号と不動真言を一足ごとに唱えていたのです。こうしたありがたい体験の一つ一つが財産です。自分自身を磨かせてもらっていると感じます。

人に声をかけ、声をかけられて歩く

私が東京の大学に出発する日に、父が別れ際に「山へ行くなよ」と言いました。「おやじは山伏なのに、何言ってんやろなぁ」と思ったものです。そもそも私はそんなに山が好きじゃなかったし、学生時代に山に登ることはなかったんです。ふりかえって、父はなんであんなことを言ったのかと思うと「山に遊びに行くな」という意味なんでしょう。大学に行って遊びでお山に入るなと。

山伏にとって、お山は修行の場なんですね。神仏のいる大切な場所なんですね。私の奥駈修行はこれまで通算して三十二回になります。三十年余も奥駈修行をさせていただきました。一年に一度の行ですが、一回一回の奥駈が全部つながっているんです。毎年、同じ道を同じように歩いて、同じことを繰り返す。それがいいんでしょう。自分の生きざまをじっくりと観ることになります。こうしていまの自分があるのは奥駈修行のおかげなんだなぁと、つくづく思います。

私は体が弱かったので、奥駈修行して何年も何年も山を歩けるなんて思ってもみませんでした。

また、若いときには奥駈行を自らの修行というよりも、役僧の業務としてやっていたように思います。なにしろ「臭い、しんどい、暑い」。たいへんです。でもそんなへなちょこながら、歩いているうちに、山伏にしていただいたのだと思います。

一人で歩いていたらこんなふうにはなりません。人に声をかけ、声をかけられて歩く。人にもまれながら、人に助けてもらいながら歩く。だからこそ、続けられました。

すべてみんなのおかげです。ありがたいことです。それこそ神様、仏様に守られてやってこられたのだと思っています。

みんなで声を出し合う　それが心を整える

いまの時代は、コロナ禍で人と人が分断されている様相です。

ひとりでいると、先行きを案じ、過去のことを悔やんだりしがちです。暗いほうへ暗いほうへと行ってしまいます。そういったものは、余計な考えと言えます。エネルギーがロスします。そこを断ち切る必要があります。

その一つとして、声に出していくことは大きな効果があります。

それも、みんなで声を出しあうのがいいんですね。

声を出すことで邪気が発散されて、新鮮なエネルギーが入ってきます。自然と守られてくるようになります。

修験道は、プロフェッショナルな宗教者に拝んでもらうという宗教ではありません。一緒に拝む、一緒に声を出す。一緒に実践する。それが修験道の本質ともいえましょう。

仏法の修行法には、いろいろなものがあります。たとえば、坐禅をして呼吸を整え、心を整えるという世界もあります。けれども、一般の人には、なかなか難しいものです。

自分だけの行にしてしまうと、なかなかうまくいきません。

みんなと一緒に歩く、一緒に祈る。思い切り声を出していく。息が合い、足がそれに伴う。どんなに急峻な道でも登っていけます。

それがそのまま呼吸法なんですね。そして心を整えることになります。

初心者でも修練を積んだ人でも、みんなおんなじ地平で一緒に声を出しあう。それが修験の本質ですね。

護摩の行と「とも祈り」

金峯山寺では毎日、護摩供を修法しています。

また、自坊の東南院においても、護摩堂に座して、不動明王の御前で、護摩を焚きます。

東南院の護摩堂は、三十人も入ればいっぱいになります。


勢いのある炎の色、みんなが唱える真言の響き、護摩木の燃える匂い、パチパチ、ごおーっと燃え盛る炎の音。

自分のパワーが炎の中に入る。炎からパワーをもらえる。周りの人の唱える真言の響き、その熱と力が相乗してパワーをもらえます。参加されるみなさんが、深く入り込んでいくのがわかります。これもまた、みんなで一緒にやるからできることなんですね。

いまコロナ禍で、一人一人が隔絶し孤独にならざるを得ない現実があります。それでも、リモートの活用もできるわけです。実際に出会えなくても、直参できなくとも、時間を合わせて一緒に祈ることができます。

昔は「仏さんを撮影してはいけない」なんて言われました。しかし、所を違えども写っている仏さん拝みながら、一緒に祈ることが可能になってきました

金峯山寺では、「とも祈り」という正課の修行を立てて、正午にみんなで蔵王権現さまに祈っています。

「みんなが祈っているんだ、自分だけじゃないんだ」という支え合いのエネルギーの交流が起きていきます。

いまの世の中で、拝む場がある。拝むことができる、一緒に拝む人がいるというのはとてもありがたい、貴重なことだと思います。

実修・実験のフィールドとしての霊地

私たち修験者は、わが身体を通して、自然と調和するあり方を探究しつづけております。森に分け入り山に登ります。

それは、自己の内心を見つめることになります。世界を広く眺めることになります。自己が澄んで深まれば、世界も澄んで深まります。世界が澄んで深まれば、自己も澄んで深まります。

そして、修験の道というのは、なにもプロフェッショナルな宗教者だけのものではありません。一般の方々にも、広く門戸を開放しております。

一般の人は、先達に導かれることで、行を身体で会得していくことができます。また奥駈修行を率いる先達は、自らをさらに磨いていくことになるわけです。

ありがたいことに、この吉野・大峯という霊場は、その絶好の舞台です。実修・実験のフィールドとしてこのすばらしい吉野・大峯という霊場があるわけです。

なにより修験道という、優に一千年を超えた伝統の行があります。

この流れを途絶えさせることなく、継承していかねばなりません。

死にざまの功徳

どんな人でも、かならずこの世を去ります。肉体を離れます。

亡くなるときの姿、衰弱していく姿は、人には見せたくないものでしょう。

けれども、衰弱していく姿を見せること、死にざまを人に見せることが、人に対する貢献になると思っています。それは、尊い菩薩行のようなものです。


また体が弱っていく時、あるいは臨終に際しても、家族や他人が自分を支えてくれます。

「申し訳ない。不甲斐ないことだ」と感じる人も多いと思います。

しかし、感謝の心をもちつつ、あるがままでいいのです。それは、まわりの人にとっても、かけがえのない尊い体験なのですから。

死ぬ瞬間や、あるいは死んだ姿を見せるということは、私たちが家族や他人に残せる最後の貢献ともいえるでしょう。

自分の死というものを通して、人に回向させて、功徳を積ませてあげる機会である、と私は思っています。

自然法爾《じねんほうに》は修験の真骨頂

「自然法爾」という言葉があります。

「おのずからのすがたのままであること、真理そのものにのっとって、そのごとくあること」をいいます。大自然の本来の姿でもあります。

自然を道場とする修験道にふさわしい言葉です。

「そのものとして本来のあるがままのすがた」になりきれば、それはもう悟りの境涯といえましょう。

大峯の峯中には大山蓮華《おおやまれんげ》といった立派な花を咲かす木もありますが、路傍の小さな草もそれぞれに花の咲く季節に花をつけます。それぞれの命を精一杯生きているのが体感できるのです。

大峯峰中の大山蓮華

草花は決して他と比べることをしない。自分は自分のそのままの姿で喜びに満ちている。そのようなことを、素直に心に受けとめることができれば、それもまた一つの悟りなのでしょう。

修験道は自力法門の最たるものと認識されています。

けれども、大自然を道場として、自然と融合しての修行を指向するのです。それは自力といっても、「大きな他力に包まれた自力」。そのことは、山を歩いているとおのずと自得されていきます。

蔵王権現さまという絶対の中に身を投ずる。

そのことによって、難しい修行をせずとも、男も女もその身そのまま救われるのです。

その救いは、絶対他力のすがたに外なりません。

金峯山修験の場合、開祖の役行者によって、蔵王一仏に帰命することを示されています。

その簡潔な信仰の姿勢は実に有り難く尊いことです。

「自然法爾」こそ、金峯山修験の真骨頂を喝破《かっぱ》しているのだと思います。

これは私の師匠でもある故五條順教猊下から、私が受け継いだ教えの真髄です。

蔵王権現和讃《ざおうごんげんわさん》

稽首頂礼金峯山《けいしゅちょうらいきんぷせん》　金剛蔵王大権現《こんごうざおうだいごんげん》
利生《りしょう》の思《おも》ひ深《ふか》くして　霊地《れいち》を占《しめ》てぞ住《す》み給《たま》ふ
今此金峯《いまこのきんぷ》の霊嶽《れいがく》は　北《きた》を望《のぞ》めば金剛界《こんごうかい》
諸尊《しょそん》の階位《かいゐ》連《つら》なりぬ　南《みなみ》を見《み》れば胎蔵界《たいぞうかい》
三密道場新《さんみつどうじょうあらた》なり　是《これ》に依《よ》りてぞ此山《このやま》を
一乗菩提《いちじょうぼだい》の峯《みね》となす

法《ほう》起《き》菩《ぼ》薩《さつ》は此峯《このみね》に　形《かたち》を行者《ぎょうじゃ》に化現《けげん》して
白鳳年《はくほうとし》は十二年《じゅうにねん》　春陽上旬《はるのはじめ》に攀登《よじのぼ》り
藤皮《とうひ》を結《むす》んで衣《ころも》とし　松葉《まつば》を喰《しょく》して日《ひ》を送《おく》り
一十二年《いちじゅうにねん》籠《こも》り居《ゐ》て　苦行《くぎょう》せしこそ尊《とうと》けれ
月《つき》の前《まえ》には終夜《よもすが》ら　秘密《ひみつ》の神呪《しんじゅ》を念誦《ねんじゅ》なし
霧《きり》の中《なか》には終日《ひねもす》に　般若《はんにゃ》の妙文《みょうもん》誦《とな》へつゝ
涌出《ゆしゅつ》が嶽《だけ》に踏登《ふみのぼ》り
濁世《じょくせ》の能化《のうげ》を願《ねが》ひしに　釈迦《しゃか》と千手《せんじゅ》と弥勒尊《みろくそん》

影向出現《えいごうしゅつげん》したまへど　末世《まっせ》の業悪輩《ごうあくともがら》らを
救《すく》ふに余《あま》り優《やさ》しとて　更《さら》に祈《いの》りを凝《こら》せしに
不思議《ふしぎ》や天地鳴動《てんちめいどう》し　大磐石《だいばんじゃく》は破裂《はれつ》して
降魔忿怒《ごうまふんぬ》の大威力《だいいりき》　金剛蔵王示現《こんごうざおうじげん》せり
大悲《だいひ》の本地《ほんぢ》尋《たず》ねれば　過去教主釈迦如来《かこのきょうしゅのしゃかにょらい》
現世救主《げんぜくしゅ》の観世音《かんぜおん》　未来世界《みらいせかい》の弥勒尊《みろくそん》
是《これ》こそ蔵王権現《ざおうごんげん》の　身口意《しんくゐ》三《み》ツの秘密《ひみつ》なり
濁世《じょくせ》剛強《ごうきょう》の衆生《しゅじょう》をば　済度《さいど》なさんと三仏《さんぶつ》が

不思議《ふしぎ》の冥会《みょうえ》を成給《なしたま》ひ　金剛蔵王権現《こんごうざおうごんげん》と
示現《じげん》し給《たま》うぞ有難《ありがた》き
外《そと》には忿怒《ふんぬ》を表《あらわ》せど　内《うち》には慈悲《じひ》の御心《みこころ》ぞ
御身《おんみ》は青黒色《しょうこくいろ》にして　三鈷《さんこ》の宝冠《ほうかん》戴《いただ》きて
本地《ほんぢ》の三尊顕現《さんぞんけんげん》し　左手《ゆんで》は剱《つるぎ》の印《いん》と作《な》し
腰《こし》の上《ほと》りに安《やす》んぜり　地行《ちぎょう》の悪魔《あくま》を降伏《ごうぶく》し
国土鎮護《こくどちんご》の表示《ひょうじ》なり　右手《めて》には三鈷《さんこ》の杵《しょう》を執《と》り
打撃《だげき》の姿勢《しせい》を作《な》し給《たま》ふ　是《これ》ぞ天魔《てんま》を調伏《ちょうぶく》し

仏法護持《ぶっぽうごじ》の示現《じげん》ぞや
三障四魔《さんしょうしま》の闇黒《あんこく》も　慈眼《じげん》を以《もっ》て照破《しょうは》なし
左足《さそく》に磐石《ばんじゃく》踏《ふ》むことは　国土《こくど》の災難鎮静《さいなんちんせい》し
流動《りゅうどう》せしめ給《たま》はらず　右足《うそく》の空《そら》に踏《ふ》まるゝは
天宿曜《てんしゅくよう》の障碍《しょうげ》をば　砕滅《ざいめつ》したまふ形《かたち》なり
無辺《むへん》の火光放《かこうはな》ちては　総《すべ》ての障難梵焼《しょうなんぼんしょう》し
如何《いか》なる魔怨《まおん》も消伏《しょうぶく》す
昔《むかし》は霊鷲山《りょうじゅせん》に在《あ》り　妙法華経《みょうほけきょう》を説法《せっぽう》し

今《いま》は金峯《きんぷ》の霊嶽《れいがく》に　忿怒《ふんぬ》の形《かたち》を示現《じげん》せり
憑《たの》もしき哉《かな》大権現《だいごんげん》　慈悲《じひ》の方便《ほうべん》廻《めぐ》らして
我等《われら》衆生《しゅじょう》を救《すく》はんと　利生《りしょう》の示現《じげん》嬉《うれ》しけれ
今此《いまこの》の蔵王権現《ざおうごんげん》を　信心供養《しんじんくよう》する者《もの》は
所作《しょさ》の罪障皆滅《ざいしょうかいめつ》し　災禍《さいか》も転《てん》じて福《ふく》となり
二世《にせ》の求願《ぐがん》も成就《じょうじゅ》し　福徳円満智慧自在《ふくとくえんまんちゑじざい》
壽命《じゅみょう》も亀鶴《きかく》の如《ごと》くにて　心《こころ》に祈《いの》る願望《がんもう》は
必《かなら》ず大悲《だいひ》の霊験《れいげん》を　證得《しょうとく》せぬ事《こと》なかるべし

蔵王利生《ざおうりしょう》の高大《こうだい》は　言葉《ことば》も筆《ふで》も尽《つく》し得《え》ず
一言讃《ひとことほむ》るを縁《えん》として　六趣《ろくしゅ》の群生利《ぐんじょうり》し給《たま》へ
慈悲高大蔵王尊《じひこうだいざおうそん》　和光同塵大権現《わこうどうじんだいごんげん》

あとがき

『新 蔵王権現入門』の刊行によせて

初版の発行以来、間もなく十二年が過ぎようとしています。

十年ひと昔とも言われますが、この十二年の間、蔵王権現さまは何一つお変わりになることなく、いつも、何時も、同じように、とてつもなく大きなお心でもって、救いの手を差し伸べ続けて下さっていたのだと思います。

変わったのは私たちであり、社会であり、時代なのだとも思います。

初版をあらためて読み返してみますと、故五條順教第二代管長猊下にお導きをいただき、お授かりしてきた蔵王権現さまのお心が、平易な文章で顕《あきら》かにされています。

蔵王権現さまの〝おはからい〟であるとはいえ、十二年前の当時としては、一つのエポックメイキングであったのではないかと思います。「そこまで書いてしまっても本当に良いのだろうか」。蔵王権現さまに対する畏怖心から、そのような気持ちになってしまうほどの、大きな出来事であったように記憶しています。

しかしながら、十二年の時を経て、この度の改訂版刊行の運びとなったことは、まさに蔵王権現さまの思し召しで間違いなかったと、今は心の底から有難く受け止めることが出来、喜びの気持ちで一杯です。

当然の如く、初版がなければ改訂版はありません。初版の制作を企画されました、当時の宗務総長で、現在は金峯山寺長﨟《ちょうろう》の田中利典師に敬意を表しますとともに、改訂版編集にも参画して頂いたことに、深く感謝申しあげる次第です。

当代の五條良知管長猊下のお導きによる「とも祈り」によって、蔵王権現さまの信仰は、更なる深化を遂げつつあります。その深化の過程において、本書がこれから果たすであろう役割は大きいものと確信しております。

最後になりましたが、すばらしい表紙画を作成いただきました松田大児画伯、ならびに初版に続き「いちりん堂」の池谷 啓氏と池谷京子氏から絶大なるお力添えをたまわりました。本当にありがとうございました。

合掌

金峯山修験本宗 宗務総長
総本山金峯山寺　執行長
五條永教

#《参考図書》

「**修験道大結集**」
白馬社刊　金峯山寺監修
定価2520円（税別）
日本仏教史上初の「修験道大結集」の全貌をおさめた記録集。巻頭に哲学者梅原猛氏と宗教学者正木晃氏の提言を収録。

「**修験道修行大系**」
修験道修行大系編纂委員会　国書刊行会
定価26699円（税込）
各修験道の教団、霊山の秘法の糸口を一般の人々や修験道の初心者のために公開する。

「**住職がつづるとっておき金峯山寺物語**」
五條順教 著　四季社刊
定価1260円
五條順教管長猊下が金峯山寺の歴史や自身の体験を綴ったもの。

「**人生には奇跡がある**」
五條覚澄著　総本山金峯山寺発刊
定価2000円（税込）
五條覚澄法主猊下が信仰における奇跡を述べたもの。

「**霊話 不思議**」
五條覚澄 著　総本山金峯山寺発刊
定価2000円（税込）
「人生には奇跡がある」に続く五條覚澄法主猊下の奇跡体験。

「**修験道のこころ**」
五條順教 著　朱鷺書房刊
定価1000円（税別）
生涯を修験の信仰に生きてきた著者が、その真髄をやさしく説く。

「**修験道に学ぶ**」
五條順教 著　朱鷺書房刊
定価1600円（税別）

「**仏教から見た修験の世界――『修験三十三通記』を読む――**」
浅田正博 著　国書刊行会刊
定価4300円（税別）
修験教義書『三十三通記』の解説本。

マンガ「**役行者さま ―神変大菩薩はみちびく―**」
金峯山寺刊
定価1000円（税込）
役行者の生涯をあらわした漫画。役行者千三百年大遠忌記念に制作された。

絵本「**蔵王さまと行者さま**」
松田大児画　コミニケ出版　総本山金峯山寺発刊
定価2090円（税込）
「ねえ、蔵王さまはどこから来たの？」
……蔵王権現さまと役行者さまの絵本。

「**はじめての修験道**」
田中利典・正木晃 共著　春秋社刊
定価1800円（税別）

「**体を使って心をおさめる――修験道入門**」
田中利典著　集英社新書刊
定価820円（税別）
両書とも修験道の入門書としてお薦め。

「修験道という生き方」

田中利典・宮城泰年・内山節 共著　新潮選書刊

定価1200円（税別）

修験道を現代に問う碩学三者の鼎談集。

役行者千三百年大遠忌記念復刻版「大峯奥駈」

総本山金峯山寺制作

定価3000円

昭和61年に金峯山寺とNHKが共同して作成した『大峯奥駈』の記録VTR。

千三百年大遠忌を記念して復刻。

奥駈DVD

「修験道入門・大峯奥駈修行ドキュメント」

総本山金峯山寺制作

定価3500円（税込）

脈々と受け継がれてきた大峯の奥駈の世界。

金峯山寺の行者たちが行くドキュメント。

修験道の入門手引きとしての総論概説や鈴懸衣なども紹介。

「蔵王権現入門」

総本山金峯山寺発刊

定価1500円（税別）

修験道の本尊たる蔵王権現さまの全貌を明らかにしたもの。

「神仏和合で日本の自然は守られてきた」

紀伊山地三霊場会 発刊

定価600円（税別）

吉野と熊野と高野の霊場は、信仰の道でつながり、神も仏も分け隔てなく拝まれてきた。

神仏の和合と融和の心によって、太古の森林は守られてきた。

密教の大家 松長有慶氏と宗教学の碩学 山折哲雄氏らによる、「神と仏」「心と自然」の講演録。

「信仰の手引き」―蔵王権現さまとともに―

総本山金峯山寺発行　定価500円

蔵王権現さまとともに生きるために、知っておくべきこと。

新 蔵王権現入門

2021年 12月 1日　初版第 1 刷発行

著者・発行　総本山 金峯山寺
〒639-3115 奈良県吉野郡吉野山 2498
TEL 0746-32-8371／FAX 0746-32-4563
Email : office@kinpusen.or.jp

発　　売　国書刊行会
〒174-0056 東京都板橋区志村 1-13-15
TEL 03-5970-7421／FAX 03-5970-7427
https://www.kokusho.co.jp/

編集・制作　いちりん堂
〒437-0604 静岡県浜松市天竜区春野町気田 946-1
TEL 080-5412-6370
Email : ichirin@ayus.net

印刷・製本　シナノ書籍印刷

ISBN　978-4-336-07299-3